住まいの冒険

―生きる場所をつくるということ―

住まいの冒険——生きる場所をつくるということ

まえがき

じつはこの本は「住まいの主体性」(正確には「住まいにおける主体性」であるが簡略した標記とする)をテーマとしています。「住まいの冒険」というタイトルをつけたのは、「冒険」に強い主体性の表れを感じたからです。どちらかというとある面、便利な今日の社会のなかに満足してしまい、冒険心さえ湧かない、人と同じようにしていれば、安心する。商品を多くの選択肢のなかから、主体的に選んでいるようにみえても、広告のコピーに、または流行に動かされている。住まいもそんな商品を買うかのようになっているのではないだろうか、との問題意識からです。

自分でも気づかない何か大きな仕組みのなかに動かされてきたのではないか、そんな疑いをもって、ちょっと立ち止まって考え、自分自身が本当に求める生き方を考え、住まいを見つめてみる、そこから自分の巣づくりを楽しむ、そんな冒険、それがたとえ心の冒険でも、それを実行してみることは、意味があるのではないかと考えた次第です。

このように言いますと、「いや、食うために仕事をして、毎日の食事、洗濯、掃除、ふだんの生活で精一杯で、そんな悠長なことを考えたりする暇はない」と、お叱りに似た反論も飛んできそうです。

衣食住の生活のなかで、「衣」と「食」について日本は世界のなかでもそれなりの水準に達しているかと思います。しかし、「住」に関してはどうでしょうか?「衣」や「食」と「住」を比べるのはスケールも複雑度も違うのは明らかであり、「住」についてはかつてウサギ小屋といわれた住宅の規模の問題も含め、都心一極集中と過疎、国土計画と土地利用計画、地方振興政策、教育と医療、福祉など、さまざまな要因が絡みますが、「住」も基本的な人権として政策にも影響を与える主権を行使してもよいでしょう。また高齢社会における孤独死、生きがい対策、少子化社会における「孤育て」と形容される育児や教育、防犯、防災、虐待防止など、現在の地域で抱える課題も、住まい、住まい方のありようによっても解決や改善の方向が見えてきます。

自らも自分の巣づくりの本能を呼び起こし、一方に人生設計に叡智を働かせ、住まいづくりや住まいの維持改善、また地域の問題解決に展開する主体的な住まいづくりに多くの人が冒険したくなるような本としたい、そんな願いが本書には込められています。

しかし「主体性」ということをテーマにしたときに、西田幾多郎の「作られたものから作るものへ」という言葉から始めたのは、哲学の門外漢にとっては大きな冒険でした。果たして、用語の難解さ、今どき「作る」は時代錯誤、いや同じことの繰り返しなどなど議論百出でした。

私が西田幾多郎を意識するようになったのは、都市計画コンサルタントの故植田一豊(注)さんを飯田市の中心市街地活性化のために紹介して、飯田市に通っていた1990年代始めのころです。植田さんの語る言葉が『シニフィエ』などと、わからんで、木下さん通訳してくれや」と地元から言われて、通訳兼カバン持ちの道中でしたが、いろいろ哲学の話を聞きました。都市計画と哲学との結びつきに目を開かせてくれたのは植田さんです。その後、東京で植田さんを慕う人たちで「デカンショじいさん読書会」が数年間も開かれました。そんな植田さんがよく口癖のように西田幾多郎の「絶対矛盾的自己同一」を語っていました。私なりに西田の書物を読みましたが、正直言って難解で理解するのは難しい。わからないところは「括弧入れして読め」という植田流の読み方で何度か読んでいるうちに、自分なりの解釈でつかんできました。

私自身は住民参加のまちづくりに長く関わり、「主体性」にこだわって考えてきました。「お上が決めたことには逆らわない」「集団の和が大事」と、日本にはもともと主体性はないのではないか、という疑問は私自身にもあったものです。そんななか、西田幾多郎の「絶対矛盾的自己同一」の「作られたものから作るものへ」の文脈にあるような、それは私なりの視点での解釈かと思いますが、目的論的にではなく行為直感的に考えるということの意味を考えました。それはまた、私が身を置く、まちづくりの現場でも、計画自体、または事業自体が目的化し、何のための事業かというのが見えないような実態への批判とも受け止められたのです。

作ったものを壊してまた作る、そんな弁証法的に自分自身の考えも否定して、批判的に、次を磨いて作る。実際、常に作り続けるという姿勢を保つのは、そう簡単ではないかもしれません。ともすれば、社会のなかで私たちの意識や考えは作られてくる大きな力も働きますし、またその誘惑にも駆られやすいからです。そんななか、私たちが流されず、踊らされず、主体的に生きていくということは、住まいにおいても冒険するぐらいに、一度作り上げたものも壊してまた作り直すぐらいの度胸や心がけが必要な時代ではないだろうかと思う次第です。

一般財団法人住総研の研究運営委員を6年務めた最終年度は、自分でテーマを設定して、特別研究委員会を立ち上げ、また研究助成の重点テーマにも取り上げ、そしてシンポジウムも3回行うということが義務づけられていました。そこで２０１２年の5月から、この各章の原稿を書いている著者をメンバーとして、住総研内の特別研究委員会「主体性のある住まいづくり実態調査委員会」を設置し、事務局も含めて議論を重ねてきました。

本書は以上の過程を経て、執筆、編集されたものですが、内容構成については次のとおりです。

第1章は、まず、主体性を考える契機としての興味深い、とくにおもしろいと思う事象を取り上げました。あくまでも例ですので、もっとおもしろい疑問をまわりで探すきっかけとなってもよいかと思います。

第2章は、住まいの主体について、家族や地域の変容から捉えたものです。その時間的なパースペクティブから、これからの住まいを主体としての個人がつながる関係、地域の課題解決、環境問題などから考えてみたものです。

第3章は、住まいの主体について住宅生産、技能面や住様式、制度面から論じたものです。住まいの主体性を施主の側のみでなくつくる側、供給の仕組み、またその基盤の制度や基層的な文化の面からも検討します。

第4章は、理論的な話です。西田幾多郎のテキスト「作られたものから作るものへ」から住まいの主体性を考えるという冒険に、哲学者の内山 節氏と哲学研究者の福井一光氏にお話をお聞きし

注

植田一豊（１９２４－２００９）　グロピウスの下で働き、昭和初期のモダニズム建築と土木デザインで知られる山口文象の右腕として活躍し、山口文象建築設計事務所がＲＩＡ建築総合研究所（現在の（株）アール・アイ・エイ）と称して都市計画に着手し始めたときの都市計画を専門に担当する。１９７１年に独立して、コミュニティ企画研究所を設立。

て理解を深めることができました。お二人から特別に稿を寄せていただきました。

また第1章と第2章の章末には、シンポジウムにご登壇いただいたパネリストの方々の話題提供も紹介させていただいています。

「住まいの主体性」と大上段に構えて取り組んだ議論も、ともすれば迷宮に入りそうになりました。それだけ深い内容の事柄に、とてもこの本で答えなど出せるわけではないと思います。でも少しでも、この本を読まれて、こんなおもしろい住み方をしてみたいとか、もう少し、住み方を考えてみようかなど、いろいろな思いを巡らせる冒険の旅が始まったら、このうえなくうれしく思います。

2015年3月3日

木下　勇

もくじ　住まいの冒険――生きる場所を作るということ

第1章

住まいの冒険

―「おや？」の契機としての事象

人間は誰でも、世の中でもっともすばらしい場所を夢に見、創造することはできる。設計し、建設することもできるだろう。
しかし、その夢を現実のものにするのは人である。

――*Walt Disney*

住まいの主体性とは

ここでは、住まいに関わる（変わった）事象から、ちょっと立ち止まって「住まい」について考えてみましょう。

木下 勇

「おや？」の事象から

”

Someone is dying
死にかけている人がいる
Panic in the streets can't get no release
街は逃れられないパニックに陥り
someone escaping
逃れようとする人もいる

waiting on a line for the holy revolution parading illusion
まぼろしの聖なる革命のパレードを待ちながら
someone's using
それは誰かが仕組んだもの
Most amusing
なんて　ばかばかしい
Will you dance? will you dance?
さあ踊りましょう?　踊りましょうよ?
”

from "Will You Dance?" by Janis Ian, 1975, 和訳　木下勇

事象1　家とアルバム

ある年代層には記憶に残る、１９７７年のテレビドラマ『岸辺のアルバム』（山田太一脚本、ＴＢＳ）（注１）。ドラマのオープニングは、ジャニス・イアンの曲をバックに、洪水で流される家の映像で始まる。それは１９７４年の東京都狛江市での多摩川の堤防決壊による洪水で19棟が流されたときの実際の映像である。この災害で家を失った被災者が、「家族のアルバムを洪水で流されてしまったことがたいへんショックであった」と言ったことから、創作された物語である。

家族と家、そしてそこで「生きた」証としてのアルバム。東日本大震災の津波で家が流されている映像は、このドラマの比ではない世界を震撼させた大災害であったが、被災した方々が家族のアルバムを瓦礫のなかから探したり、また原発事故の影響で帰るに帰れない故郷にアルバムを取りに戻ったことにも通じる。

マイホームの象徴としての「家」。それはドラマでは崩壊寸前の家族が形のうえでも家族としてとどまる枠。それが流されたとき、それだけは必死に持ち出そうとする「家族アルバム」。

家族には、身近でともに過ごした時間が、思い出として凝縮されて詰まった、もっとも強い心理的関係がある。それぞれ個人の思い出の印象に強弱があっても、アルバムが再共有の

注1　『岸辺のアルバム』
ある中流家庭の物語。それぞれに抱える問題を隠しており、家（マイホーム）とアルバムが家族をつなぎとめる。しかし突然の水害によりそれも崩壊する。家族のありようを問いかけ、大きな反響を呼んだ。

手がかりともなる。
「住宅という枠が社会から与えられ、私たちの生活を規定する強い力をもち、私たちの間柄にまで口を入れようとしている。その住宅は人間が工作してつくったものである」(吉阪隆正、1965年)(注2)というが、「家族アルバム」は「器」(枠)としての住宅より「生きられた家」となるのであろうか?
「形としての家」や「形としての住宅」と「住まい」は異なる。私たちが「住まい」と言う場合には、生活を含めた概念として捉える。「住まいを考えることは、家族を考えることである」(清家清、1998年)(注3)というように、たとえ家を失っても、家族アルバムがその代替的象徴ともなるようである。ただし、ドラマ『岸辺のアルバム』が家族の変容を暗示していたように、時代の変化とともに、家族の実態も家族像も変わってきた。少子高齢化の進行と単身居住の増加、独居老人、社会的課題として虐待、DV、子どもの貧困に象徴される格差の拡大……。家族アルバムがない場合には何が代替象徴となり得るのであろうか。

「しかし、空間の、客観的に存立するものとして受け止められていたそのような中心が消えてしまっても、人間の生活は依然としてそのような中心に関連づけられている。それこそ、人間が自分の世界のなかで『住まい』(Wohnen)、人間が『我が家としてくつろぎ』、そして人間がくりかえしそこへと『帰郷する』ことのできる場所なのである」
(ボルノウ、1963年)(注4)

このボルノウの言う「帰郷する」ことのできる中心の場所を考えてみたい。

注2
吉阪隆正『住居学』相模書房、1965年、15頁
注3
清家清『ゆたかさの住居学~家族を育む100の知恵』情報センター出版局、1998年
注4
ボルノウ, O. F.,(1963年)、大塚恵一・池川健司・中村浩平訳『人間と空間』せりか書房、1978年

事象2　仮設と住まい

仮設住宅に住んで3年目が過ぎた高齢者から聞いた話。

復興公営住宅をすすめられているときである。仮設住宅で知り合い、広がった人間関係がある。しかし新しい復興公営住宅においては、またすべてを失うことになる。もう一度人間関係のつながりを築いていくことは一人では無理（仮設ではボランティアなどの仲介から関係が広がった）だから、ずっとこのまま仮設でもよいという……。住まいは仮設でも永久的な住まいになり得るであろうか。仮設の仲間の高齢者たちは、一人、また一人と新しいところへ移っていく。人との別れは仮設ゆえに当然とはいえ、なんともまた寂しいものである。新しい住宅づくりに今の人間関係が持ち込めるような、グループホームやコレクティブハウスなりの工夫は、なぜ被災地でもっと広がらないのだろうか？

このような、震災復興の現場から起こる「住まい」の課題は無数にある。阪神大震災、新潟県中越地震、中越沖地震、そして東日本大震災と経験しながら、現場の課題が次に生かされない。まだまだ、箱物としてしか「住まい」を考えられていないシステムの課題がある。

図1．東日本大震災後の仮設住宅

棟の間でのコミュニケーションは考慮されていない。
ふつうは、道を間にして向かい合って住まいは建ち並ぶが、
仮設住宅では、玄関が同方位に設置される。生活のまじわりが少ない。

事象❸　ハウスボート

日本では家舟《えぶね》といった水上生活は、古い昔のことのように思われるかもしれないが、世界では新しい住宅地開発のなかで、特徴的に設けられている例もある。

スウェーデンのマルメ市のウェストハーバーの再開発住宅地の一画に見られるハウスボートがそのひとつだ。ここは元は造船をはじめ重工業で栄えた港湾地域である。工場閉鎖の跡地再開発に、市は環境重視の戦略を立て、国際的な住宅展示会を企画した。環境の研究教育機関としてマルメ大学を設立（１９９８年）し、エネルギー自給１００％の住宅地を開発し展示会を開催した（２００１年）。ハウスボートはその一画に建つ。

この居住者に聞くと、このハウスボートのことを知り、わざわざそのために国境を越えてデンマークから移住したという。朝、海鳥の声で目を覚まし、魚影が見られる水面をなでてそよぐ風を感じながら朝食をテラスで食べる。生きている至福の時だという。

ちなみにゲストルームは畳の和室でモダンな造りであった。

図2．ハウスボート

事象4　ヒッピーのツリーハウス

トルコのアンタルヤから車で1時間半ぐらい行った所にあるオリンポス（Olympos）。海岸近くに古代遺跡のあるまちだ。

この地方には至るところに遺跡があり、オリンポスも特別の観光地でもなかったが、1970年代ごろから海岸とその遺跡が気に入りヒッピーが住み始めた。彼らの住まいであるツリーハウスは、大潮のときなど大地は水に浸かることから、そして地面に接地しないので建設許可を求められずに自力建設が可能なことから、つくられたのが始まり。

ヒッピーがヒッピーを呼び、宿泊しながら自力建設で次々とツリーハウスをつくり、今では接地したタイプのバンガローなどを増築し、ロッジ型の宿泊施設が広がっている。ツリーハウスはこの地の観光のシンボルとなって、今ではヒッピーではなく一般の客も泊まるようになり、オリンポスは一大観光地となった。ただし、引き続き、建設や調理、農園作業など、何らかの仕事をしながら長期滞在するヒッピー的な若者も少なくない。

そういう自由な志向の者には居心地のよい場所となっている。

図3．オリンポスのツリーハウス　ロッジ

事象5　はまぐり堂

宮城県石巻から牡鹿半島の方へ県道2号線を入ってしばらくすると右側にツリーハウスが見える。そこがこの「カフェはまぐり堂」の入り口である。ツリーハウスの脇を下って行くと人家が3軒、その向こうに浜辺。周囲の家屋は津波によって流されて基礎だけが残る。跡形もなくなった平地部の風景が広がっている。残った3軒の家は、住まいの佇まいを残しているようだが何か違う。そのまま誘われて辿り着くと「cafeはまぐり堂」と書かれた洒落た看板が。さらに進むとお洒落なセンスよく改装されたインテリアの古民家に入っていく。ここがカフェはまぐり堂。このオーナーは亀山貴一さん。「なぜ、ここにカフェが？」という疑問には、以下のサイトで答えている。

——Q　震災が起きたときは高校にいたんでしょうか？

〈亀山さん〉　高校にいました。急いで生徒と一緒に避難しました。僕は無事で、高校も70センチくらいの浸水だったんですが、次の日、一歩外に出たら車や家がひっくり返っていて。妻が心配で来てみたら、浜はがれきの山。うちは高台だから大丈夫だろうと思っていたんです。ところがここにはいなくて。妻はここから10分ぐらい離れた（渡波地区の）実家にたまたまいて、津波に飲まれました。妻は妊娠9か月でもうすぐ子どもが生まれる時でし

図４．カフェはまぐり堂

たが……、それもかないませんでした。

――Q　海辺の家を改装してカフェを開く準備をしていると伺いましたが?

〈亀山さん〉　妻とも「いつかは高校を定年退職したら、生まれ育った蛤浜《はまぐりはま》の家を改装して、のんびりカフェや宿泊施設をやれたらいいね」なんて話していたんですよ。それが震災後、この付近の集落は3軒だけになってしまって、生活の明かりが消えてしまったんです。大好きなふるさとが今消えそうになっている状況に危機を感じました。そのときに「この浜を絶対に失いたくない」って思ったんです。ここにたくさんの人たちが集まって、元気な地域に活性化させたいなと。

（以上、復興支援　東日本大震災　http://shinsai.yahoo.co.jp/20130311/interview/08.html）

この亀山さんの思いを支援しようと全国からボランティアが集まり、築100年の古民家をカフェとして甦らせた。ボランティアは年間1500人という。その忙しさのあまり、亀山さんは高校教師を辞し、「蛤浜再生プロジェクト」を展開することとなった。私が訪れたときは、ちょうど隣の民家を宿泊施設に整備中であった（2014年8月時点）。亀山さんが雑誌『ブルータス』などを見て、「こんなふうにつくりたい」と言うと、ボランティアが、そのイメージ通りにつくる。

石巻は震災後に設立された一般社団法人「ISHINOMAKI2.0」がさまざまなプロジェクトのプロデュース、つなぎ役となっている。例えば「石巻工房」というプロジェクトは、「地域のものづくりの場」として発足し、デザインとDIYの力によって、住まいのリノベーションや家具の生産を行う。そしてその周囲では波及する地域のさまざまな活動の自立支援に力となっている団体が育っている。

はまぐり堂は「ISHINOMAKI2.0」の支援も受けながら自立した地域再生の要として育っている。行政の復興プランでは、消滅する運命であった故郷を再生しようと、亀山さんが立ち上がり、またその思いに応える多くの支援の輪が広がっている。それらの取り組みは単なる支援ではなく、「作られたものから作るものへ」(注5)の、ともに住まいを「つくる」ことの主体的行為のように映る。

注5
西田幾多郎「絶対矛盾的自己同一」(初出『思想』第２０２号、１９３９年)『西田幾多郎哲学論集Ⅲ』岩波文庫、１９８９年(青空文庫 http://www.aozora.gr.jp/cards/000182/files/1755.html)

事象6　森山邸

東京の森山邸（西沢立衛設計）の住宅を二度ほど訪問させていただいた。これは一軒家か数軒の家か、一つの敷地に独立したように家（部屋）が建つ、ほかには見ないまったく新しい形態。森山さんは自宅と賃貸の住宅設計を西沢氏に依頼。すると西沢氏は従来の集合住宅ではなく、敷地内に形の異なる住居を分散する計画を出した。オーナーはローンを返済できた分だけ賃貸部分を減らし、ローン完済後は賃貸をやめて、賃貸部分も家族と使っていくことができるという。

一つ屋根の下に暮らすのと異なり、それぞれが独立した屋根の下、付かず離れずの関係で一つの敷地に暮らす。将来の家族も、このように付かず離れずの関係、個人化する家族を暗示しているように衝撃的である。

ところがオーナーの森山さんは、このように賃貸居住者と暮らしているなかで、単にオーナーと賃貸居住者の関係を越えた生活のやりとりを楽しむようになり、「このままでもいいかな」と最近は考えるようになったという。

じつはこの場所で育ち、昔の店舗兼住宅の思い出でもあるミカンやカキの木を敷地内の路地的中庭に残すことも設計の条件であった。このあえて残されたオープンスペースは、建築を図とする

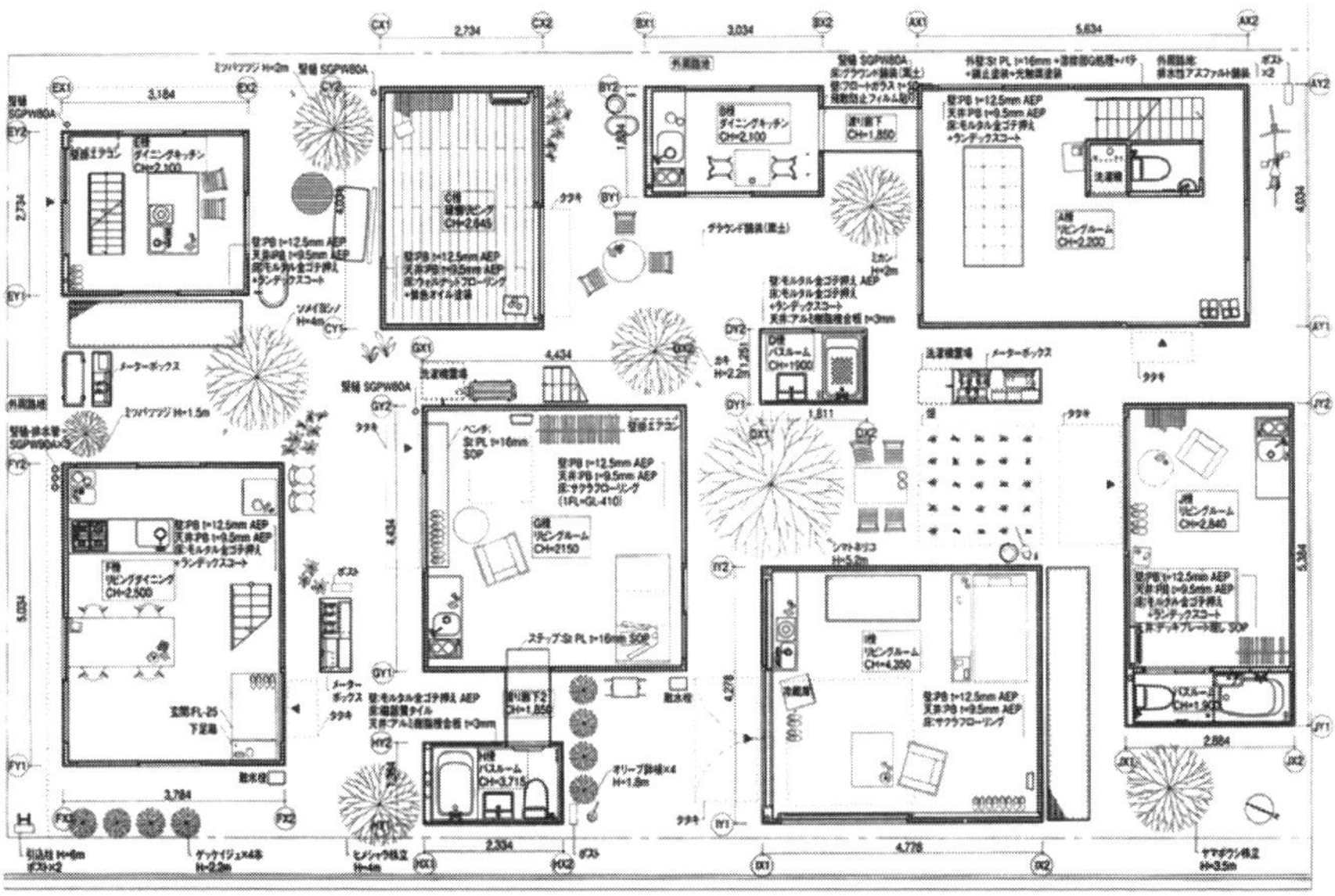

図５．森山邸平面図

提供：西沢立衛建築設計事務所

図６．森山邸

と地の部分であるが、そこがコミュニケーションの舞台、関係を築く図となる。賃貸居住者のそれぞれが、屋外の空間に接し、庭を有す。鉄板造と大きな開口部が外と内との連続性を強めている。さらに敷地は周囲の道に開放的で、賃貸の居室の大きな開口部もカーテンを閉めずに開放されている。私空間の路地的なコモンスペースの再現でもあり、何か新しさもある。ここで結婚式も開かれたという。シェアハウスにも通じる疑似家族的な営みの痕跡が、この共有の屋外空間に新たに刻み込まれている。

新しい居住者にもシェアするものは、単に目に見えるこの共有の路地的オープンスペースのみではなく、柿やミカンから思い起こされる森山さんの記憶に残る、場所の履歴に広がるかもしれない。

森山氏は、外で洗面やひげ剃りをするのが気持ちよいと言う

住まいを主体的に考える

高度消費社会の時代、(景気対策としても仕組まれて)住宅が商品のように扱われ、住まいの主体性はどこにいったのか。ここではこれからの議論の導入として考えてみたい。

木下 勇

前節まで、少し、私の個人的な経験からの「おや?」と思う「住まい」の事象を紹介した。住まいとは私たちにとって何であろうか。このような事象に出会い、ふと、ちょっと考えてみることは決して無駄ではないような気がする。

これまで「主体性のある住まいづくり実態調査委員会」であがった、「おや?」との事象にはそのほか、下記のようなものがある。トレーラーハウス、0円ハウス・モバイルハウス(坂口恭平)、ダンボールハウス、種田山頭火(漂流の俳人)、インターネットカフェの漂流者、北九州リノベーションスクール(HEAD研究会)、長野善光寺の門前暮らし(LLPボンクラ)、シェアハウス、反主体性現象(SNS、ネオリベラリズム、特定秘密保護法など)……。

まだまだあるであろうが、とりあえず事象にあげるのはこのくらいにして、「主体性とは何であろうか」を考えてみたい。

20世紀の時代においてはル・コルビジェの「住宅とは住むための機械である」というテーゼは意味のあるものであったかもしれない。いやテクノロジーの進化は、すべて制御されたロボットのような住宅の登場を予感させ、そのテーゼはいまだ力を発揮している。それに代わるテーゼを私たちは持ち合わせているのであろうか？　ＳＦの未来像に描かれるように、機械に支配される人間、またさらに高度情報社会の進展によって、サイバー世界が現実の生活を支配するようになってくるかもしれない。

事象７　かつて駅のホームから見える位置にあった　クレジット会社の看板

「You are what you buy」は、このようにコピーライターが活躍する記号の高度消費社会の本質を映し出す（図７）。Ｊ・ボードリヤールの１９７０年の『消費社会の神話と構造』（注5）はそんな現代社会の風刺に満ちている。それに影響されて制作されたウォウシャウスキー姉弟の映画『マトリックス』は、エージェント・スミスのコピーが増幅する、まさにボードリヤールのシミュラークル（鏡と鏡に虚像が反影しながら、増幅する虚像の世界）を高度情報社会の姿として描いた（図８）。

図７

図８

注5
ボードリヤール，Ｊ、今村仁司・塚原史訳『消費社会の神話と構造』紀伊国屋書店、１９７９年

高度消費社会の時代、「生産−消費」の巨大市場システムに埋没し、主体が希薄になっているのは住まいの状況でも同じではないかとの問題意識から、これまで「住まいの主体性」を考える研究会を開いて議論してきた。

そのために「作られたものから作るものへ」という西田幾多郎のテキスト（注6）を参照した。しかし、外部からは「なぜ作る？　作る時代は終わった」という誤解（ハードのことを指すのではないのだが）をはじめ、「昔が良かったというステレオタイプ的考えはおかしい」「日本にはもともと主体性はなかったのではないか」などの議論が百出。いまだこの問いは混沌とした渦が巻いている。技術をはじめ、さまざまな進歩は否定されるものでもなく、また過去に戻れということでもないが、このテーマの背景は、今を生きるわれわれが未来を見つめるときに、もう一度住むという根源（それは〝「場所」に存在を関係づける、生きる主体的行為〟）に立ち返り、主体性を発揮する道を見つめ直すべきではないかとの疑問にある。

注6
前掲、注1

ケーススタディ 1

家の中を、冒険

住総研シンポジウム
池田秀紀氏発表より

Case Study

ウェブディベロッパーの池田秀紀氏と、写真家の伊藤菜衣子氏は、ウェブサイト製作や、ソーシャルメディアを利用した広告製作などを手がける夫妻ユニットである。2010年に結婚し、東日本大震災の直後から熊本市内の古い民家に居を構えている。

二人は、自分たちのことを「暮らしかた冒険家」と称し、熊本の町家をリノベーションする様子や、そこでの暮らしをネットで発信している。「高品質低空飛行生活」をモットーにしたその生活は、住まいや食べ物、仕事やお金との関わりなど、人生の価値観を見直し、コミュニティやエネルギー問題など、社会とどう向き合っていくかを模索した暮らしのあり方で、今大きな注目を集めている。

結婚キャンプから、熊本の町家移住まで

二人の生活は「結婚キャンプ」からスタートした。これは二人がセルフプロデュースした、自分たちのための結婚式である。一般的に結婚式といえば、ホテルやレストランのあるシステムに則って行われるのが未だ定石である。しかし二人はこれに抵抗した。「高いお金を払って誰も満足しないものではなく、誰もが満足できるものを提案しよう」と、高尾山のキャンプ場を貸し切り、会場設営から料理まで、すべて手作り

で結婚式を催した。料理はバーベキュー、夜は音楽会と、大きなティピやテントを張ってお泊まり会。来客100人のうち、半数以上が一泊して帰ったという。

そこには、ビジネス化した「結婚披露宴」からは考えられないお金と時間の使い方がある。誰かがつくった結婚式に流されるのではなく、自分たちがつくる二人だけの結婚式は、慣習化した式に飽き飽きしながらもほかの方法をもち得なかった人たちの心を打った。近年は「結婚式を挙げない」という選択も増えてきつつあるなか、二人の選択は既存の否定ではなく、新しい方法で「これからのあたりまえ」を生み出していく。

そして結婚後、たまたま訪れた熊本市で偶然出合った古い町家に惚れ込み、移住を決意する。二人は熊本とは縁もゆかりもなかったが、以前から東京を出ることを考えていたので躊躇はなかったという。環境問題も、自給率問題も、過疎化問題も、すべて都心に執着していることが原因だと常々考えていたからだ。いつかは…、と考えていた移住を、東日本大震災の原発問題を機に踏み切った。

DIWOで改修した町家で「貧乏になる準備」を

その町家は、熊本市内の中心に位置し、今なお熊本城下町の風情が残る地域に建つ。築100年から120年ともいわれる古い民家で、20年近く空き家だったため、入り口はトタンで打ち付けられた開かずの家だった。内部は建具も外されており、ホコリだらけで室内にはツタが這う始末。しかし二人は、ゴミ屋敷家同然の様子を見て「これはひどい」ではなく、「これはすばらしい」と感じたという。すぐにこの家の持ち主を探して交渉を開始し、その10日後には、渋谷区の家を引き払って熊本に移り住んだ。

そして二人は、自分たちでこの家を改修することにした。初めの一か月は掃除ばかりの毎日を過ごし、そのうち左官屋さんに習いながら壁を漆喰で塗ったり、本格的なたたき土間を再現したり、岡山県西粟倉から間伐材利用の床材を取り寄せて張り、路面電車に使わ

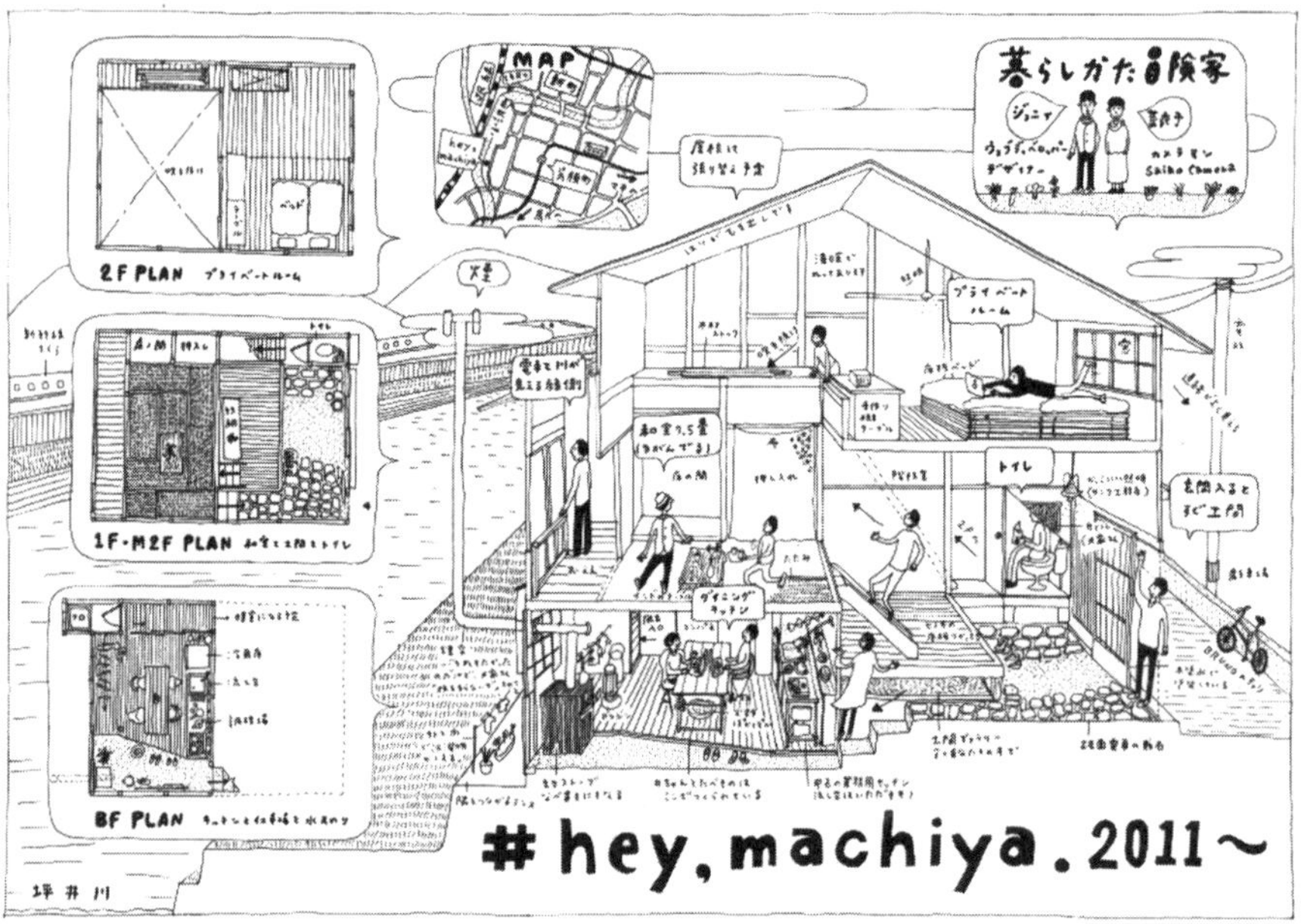

©暮らしかた冒険家 #heymeoto　2012.1.10 YONE

れていた大正時代の敷石を譲り受けて、自分たちで何度も往復しながら運んで敷き詰めた。膨大な作業で二人だけでは手が回らなくなってくると、まわりが見かねて助けてくれたという。自分たちでできないことはプロに頼み、大勢の手が必要なときは、ワークショップを開いて、いろいろな人がこの改修に手を貸した。これは、DIY（Do It Yourself）ではなく、DIWO（Do It With Others）だと、自分たちだけでは完結しない家づくりを説明する。

　そうして熊本で生活を始めると、地元の農家の方から、「僕の野菜一生分と交換してウェブサイトをつくってもらえないか」というツイートがやってきたという。「それなら僕も一生面倒をみます」と、即交渉成立。二人の食卓には、毎日有機栽培のおいしい野菜が並ぶ。そうこうしていると、「薪と交換して…」「車を貸してあげます…」など、いろんな人がどんどん集まり始めた。

　これはお金ではなく、物と自分たちの技とを交換する「物技交換」だと命名し、「お金に頼らずとも豊かになれる方法はいくらでもある」と話す。このように、お金を絶対価値としない暮らしを「貧乏になる準備」といって、緩やかなコミュニティのなかで、生活の質を豊かに保つ暮らしのあり方を体現しようとしている。

幸せのフロンティアはたくさんある、まだ発見されていないだけ

まわりから「やりたいことしかやっていない」と言われることもあるというが、「やりたいことをやっているのではなく、やりたくないことから全力で逃げた結果がこうなった。嫌いなものは嫌い、ただ納得いく暮らしがしたいだけ」と、池田さんは話す。この行動力の原点は、自分たちが暮らしているこれからの社会に対する危惧感にあるという。経済右肩上がりの時代とは違って、これからの時代は若者が負の要素を背負って生きていかなければならない。

しかし、これを負の要素と捉えるか、磨けば光る原石と捉えるかは、私たち次第である。空き家も、耕作放棄地も、荒れた山林も、磨けば宝になり、太陽光や湧き水、草花もすべてタダで手に入る資源である。これをうまく利用した暮らし方は、まだ発見されていないのではないかと話す。それを冒険に例えて始めた二人の暮らしも、いまだ開拓途中である。冒険には怪我がつきもので、楽しそうだからといって誰もが簡単に成功するものではない。

しかし、その道筋を見つけ始めた二人の暮らしは、現代社会のなかで閉塞感を感じながら悶々と暮らす若者たちにとっての一筋の光となる。

池田 秀紀（暮らしかた冒険家）
妻の伊藤菜衣子とともに「高品質低空飛行生活」をモットーに結婚式や新婚旅行、住居などの「これからのあたりまえ」を模索中。100万人のキャンドルナイト、坂本龍一のソーシャルプロジェクトなどのムーブメントのためのウェブサイトやメインビジュアルの製作、ソーシャルメディアを使った広告展開などを手がける。札幌国際芸術祭2014への参加をきっかけに札幌市西区福井でオフグリッドな暮らしを目論見中。生まれたばかりの息子も加わり、新たな冒険が始まっている。
http://meoto.co/

記録・住総研

ケーススタディ
2

木の上から広がる世界

住総研シンポジウム
小林 崇氏発表より

Case Study

小林崇氏は、20年間でおよそ100以上のツリーハウスをつくってきた、世界でも希有なツリーハウスクリエイターである。全国を移動しながら、さまざまな気候条件のもとで生きている木を相手に、創作を行う。

「ツリーハウスは、成長している木に登り、そこにわざわざ成長しない人工物を取り付けるという矛盾との闘い」と、自身の活動を説明する。実際に、雨風や台風、雪や地震などの影響で、壊れていくツリーハウスも少なくない。

「ツリーハウスは自然を相手にした脆い存在、だからこそ魅力的な存在であり続けるのではないか」と小林氏は話す。

社会と距離を置くためのツリーハウス

ツリーハウスは、自然の摂理を理解し、自然と対話しながらつくっていくものである。大自然のうねりのなかに己の信念をぶつけていくツリーハウスは、俗世間に左右されない小林氏の人生観そのものを映し出している。

小林氏が初めてつくったツリーハウスは、当時住んでいた原宿のアパートの傍に立つヒマラヤ杉の上。アパートの壁を壊して、取り囲むようにして空間をつくり、その名を「エスケープ」と名付けてバーを開店させた。じつはこのツリーハウスは、社会から距離をおきたいという当時の気持ちの象徴としてつくったものだったという。

1957（昭和32）年生まれの小林氏は、すでに小学生のころから「どうも自分はみんなと違うのではないか」と疑問をもち始めていた。義務教育を窮屈に感じながら、流れのままに大学まで進学。しかし、そのなかで自分らしさを表現することは難しく、苦境の青春時代を過ごした。大学を卒業したあとも、さまざまな職業に就くが馴染めず長く続かない。どこに就いても続けていく自信もなければ、それを続けていく人たちの気が知れないとさえ感じていたという。しかし、次第にまわりの友だちは、仕事や結婚を通して社会のなかに自分の居場所を見つけていく。その一方で、いまだに社会に馴染めない自分に焦りを感じつつ、「いったい何がしたいの？」と問われても答えられずにいた。マイノリティの存在でいることの苦しさを味わいながら、旅に出るなど、フリーターのような生活を繰り返していた30代半ばごろ、最終的に辿り着いたものが、「ツリーハウス」だった。

木の上は、地上のシステムや約束ごとに左右されない最後の逃げ場。社会との関係をなるべく希薄にしながら、ギリギリのところで接点をもつという生き方、その象徴的存在こそが、小林氏にとっての「ツリーハウス」であった。それは、1960～1970年代のヒッピームー

ブメントといわれた時代に、社会を捨てて森を目指して移動した、当時フラワーチャイルドと呼ばれた若者たちが暮したひとつにもツリーハウスがあり、ヒッピーバスやティピーなどがあったのと同じような感覚ではないかと話す。

ツリーハウスがもつ力

現在、ツリーハウスのクライアントは、個人の別荘から、幼稚園や公共施設などさまざま。最近の仕事では、東日本大震災のあと、C・W・ニコル氏が主宰する「アファンの森財団」の働きかけで、宮城県東松島市にツリーハウスをつくった。震災発生当初は、「僕が僕でなければできないようなことは何もなかった」と、無力感と絶望感のなかで大きなショックを受けた小林氏にとって、この仕事は救いであったという。

東松島市は、津波の被害が甚大な地域で、町中が波に流された。そのなかで小学校も津波に遭い、たくさんの子どもたちを失っている。高台移転が決まり、被害にあった土地も記憶も失われる前に、そこにある自然を残したいというニコル氏の希望から依頼が始まった。その依頼を受けた小林氏は、地元の材料でツリーハウスをつくることを決めた。造成のために伐られた生木をチェーンソーで引いて板材をつくり、地域の草花で覆った草屋根をつくり、津波で流された小学校のガラス窓を利用し、子どもたちがつくった泥団子で壁をつくった。

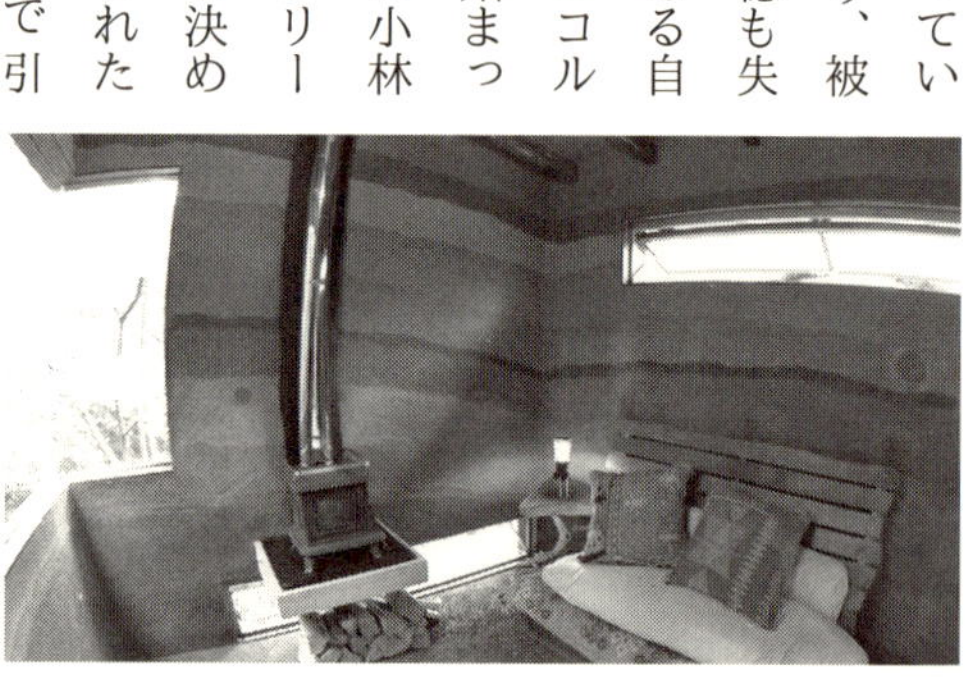

ツリーハウスは、木がもっているエネルギーだけでも大きく、その木の傍に寄るだけでも何か感じるものがある。日常生活のなかではなかなか感じられないものでも、そこに家のような人工物をつくることで、非常にわかりやすく感じることができるという。完成したツリーハウスは、もともと枝がもっている曲線を生

かしてつなぎ合わせ、龍が昇っていくイメージをつくった。それを「Tree Dragon」と名付け、そこに鎮魂の祈りとゼロからの再生への想いを込めた。

社会のルールを自然の動きに適応させる

小林氏はこれまでに、幼稚園やリゾートホテルなど、100以上のさまざまなツリーハウスをつくってきた。プライベートな敷地にツリーハウスをつくれるだけの木や森を所有する個人は限られているため、必然的に公共の場所で使う事例が多くなるという。しかし、公共性が高くなるほど、その安全性やリスク回避、責任問題が創作にも関わってくるようになる。

さらに近年は、建築基準法に抵触するような問題にまで発展し、「ツリーハウスは建築物か否か」と、国土交通省が定めたある判断のもとで、自由な創作が限定されることがあるという。しかし、ツリーハウスは相手が自然である限り、計算の行き届いた設計ができるというのものではない。社会のルールで自然の動きは縛れないはずである。

小林氏は、ツリーハウスの創作を通して、人間も生を得て、いつかは死んでいく存在であることをあらためて実感する。そういうなかで、人間の考え方や社会のルールが、地球のダイナミックな動きに追いついてこないと日々感じるという。また、「人間の暮らしや環境が変わっていくのに、棲み家や家が変わっていかないのは理不尽」として、ツリーハウスのみならず、車やテント、モバイルハウスなど、自然に身をおきながら暮らしを対応させていく可能性を少しずつ広めていきたいと考えている。

小林 崇（ツリーハウスクリエイター）
スタイルとデザイン、感性をコンセプトにしたツリーハウスを創作する日本のツリーハウス第一人者。世界中のツリーハウスビルダーや樹木医と交流しながら、最先端の技術やデザイン、樹木学などを学び、ツリーハウス情報を共有している。

記録・住総研

ケーススタディ
3

週末は、田舎に暮らそう

住総研シンポジウム
馬場未織氏発表より

Case Study

建築ライターの馬場未織氏は、３人の子どもをもつ母である。２００７年に、千葉県南房総市の山間地域に８７００坪の農地を購入して以来、東京都内の自宅との間で二地域居住を実現している。

都内の自宅から南房総の家までは、ドア・ツー・ドアで車で1時間半程度。夕方に東京を出ると南房総に着くころには、星降る夜空とカエルの鳴き声のなかに身も心も包まれる。

そこは里山の風景が広がる集落で、７世帯が暮らしている。２人を除くと全員が60歳以上の〝限界集落〟という、非常に濃密な集落のなかに、馬場氏は飛び込んだ。

私たちの代から「田舎」をもとう

土地購入のきっかけは、当時3歳だった長男の無類の虫好きに始まるという。暇さえあればいつも昆虫図鑑を見ている長男は、休日のたびに虫取りや、魚捕りへと両親を誘っていた。その欲求はだんだんとエスカレートし、「フクドジョウが見たい」、「ヒラタクワガタが見たい」と、しつこく迫るようになったという。子どもの要求に応えたいと思う一方で、「どこにいるの？」と子どもに聞かれても、「ペットショップかな？」としか答えられない自分を反省する日々を過ごす。次第に、息子の素直な要求を妨げるのは、彼の人生にとって何か大きなものを与え損ねているのではないかと思うようになったという。

馬場氏は、生まれも育ちも東京で、夫婦ともに、「お婆ちゃんの家」といったような田舎をもっていなかった。そのため、田舎に行くのは旅行でしかあり得なかったが、それでは駄目だと思い立ち、自分たちの代から「田舎」をつくろうと土地購入に踏み切ったという。土地を購入し、暮らし始めてすぐに待ち受けていた試練が草刈り。何も知らずに購入した8700坪という土地の手入れが、いかに手間のかかることかを思い知ることになる。初夏から夏にかけて、草の成長と草刈りとのいたちごっこの生活が続く。しかし、そうした作業を通して、昨日まで見ていた景色がまったく違うものに見えてきたと話す。それは、美しく見えるこの里山は、この集落に住んでいるお爺さんお婆さんたちが、毎日手入れをしているからこそ成り立っているのだということ、自然だと思って享受していたものは、じつは長い時間をかけて大切に育てられたものだということ。

上：３人の子どもたちと畑仕事に精を出す
下：農家さん訪問ツアー

大人も子どもも
初めてづくしの生活

房総での田舎暮らしは、都内では考えられなかった発見で溢れていた。なかでも人生で初めての畑仕事は、これまでスーパーで買った野菜しか食べてこなかった馬場氏にとって、非常に新鮮な感動を覚えたという。採ってすぐ食べるということの美味しさもさることながら、種から育てて食卓にあがるまでのストーリーを子どもたちと一緒に共有する豊かさは、何にも代え難いものがある。子どもは、嫌いな野菜でも自分で育てると食べることも知り、「味は体験で変わる」ということも実感する。

また、まわりの豊かな自然のなかで、子どもたちの好奇心や発見も次々と広がっていく。草刈りの途中でみつけてきた14個の卵、そこから生まれたキジを育てて飼ってみたり、サンショウウオの卵を孵化させてみたり。孟宗竹を使って筍ご飯を炊き、川で捕ってきたサワガニは子どもたちで調理方法を考えて食べてみる。20倍率のルーペをもってミクロの世界の自然を覗く驚きを重ね、野原を駆け巡り、萱のなかで昼寝する子どもたち。また馬場さん自身も、初めてトラクターの操縦を習い、地下足袋を履いて畑仕事にいそしむという、大人も子どももない初めてづくしの毎日のなかで、いつも新しい発見があるという。

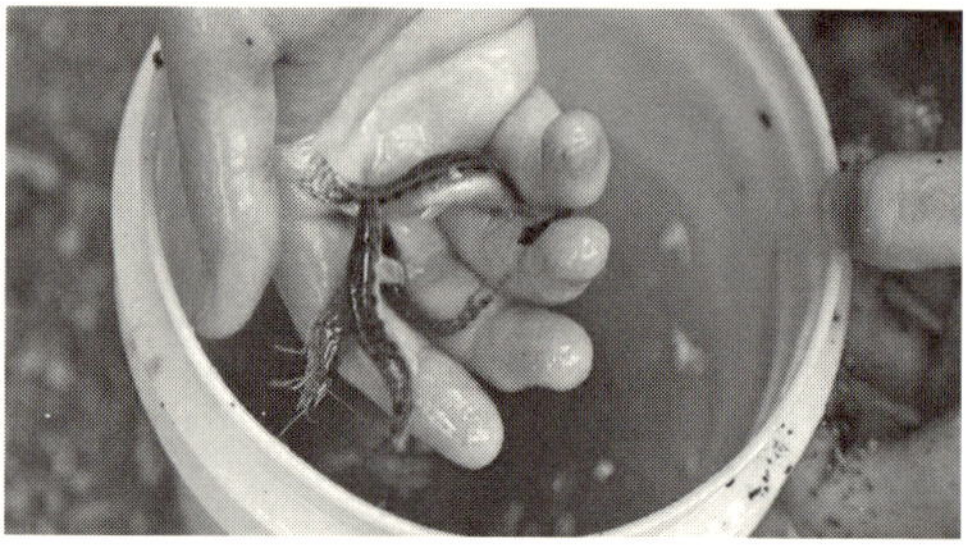

上：野菜について学びながらの収穫体験
下：川に生息する生きものをつかまえて観察する

NPO法人南房総パブリックの活動を通して

こうした体験を重ねるにつれ、この土地が一代限りでは成し得ないものであるということ、またそれに支えられて生きている感覚こそ「豊かさ」だったと気がつくようになったという。次第に、里山からもらってばかりという感覚に陥り、少しでもこの土地にお返しがしたいと考えて始めたのが「NPO法人南房総リパブリック」である。里山環境の担い手を増やし、少子高齢化で立ち消えそうな里山の未来をつなぐというのが活動の目的だ。現在、「NPO法人南房総リパブリック」には会員が16名、そのうち12人が東京の人だという。

活動の第一段階としては、まず南房総の良さを伝えることを企画している。ひとつめは、「食べること」に主眼をおいて、南房総の野菜を都内に持ち込み、日替わりオーナー制でランチを出すカフェを経営した（2014年10月以降は日替わりオーナーのひとりに店を託し、現在も営業中）。それから、実際に南房総に訪れてもらう仕組みとして、里山学校による体験学習の開校。これは、始めは子どもを対象にした親子教室だったが、大人にもたいへん好評で、次第に大人の参加数が増えているという。そして里山のなかにつくった休憩場所「三芳つくるハウス」は、ビニールハウスを利用してセルフビルドした自分たちの拠点である。こうした活動を通して、都心と南房総との関係を育てている。

馬場氏は、この二地域居住の生活を通して「田舎には都市では得難いコンテンツに溢れている」と感じたという。都市には人もお金も集中しているが、田舎にはお金に換えられない豊かさがある。自然や生き物がたくさんあり、何より体験がある。馬場さんは、それを都市のエネルギーとつなげることで、相互補完的に作用する関係を構築したいと考えている。

この二地域居住の始まりは、子育てから始まった一個人の週末田舎暮らしであった。しかしこの生活を通して、いつしか社会のシステムや、世界のありようが見えてくるようになったと話す。個人的な暮らしの試みが、自分の未来と社会の未来を同時に考えていくような提案へと発展していく。

馬場 未織（建築ライター）
1998年 日本女子大学大学院修了。建築設計事務所勤務を経てライターへ。プライベートでは2007年より「平日は東京、週末は千葉県南房総市の里山で暮らす」という二地域居住を実践。NPO法人南房総リパブリック理事長。著書に『週末は田舎暮らし』（ダイヤモンド社）。

記録・住総研

第2章

住まい・家族・地域の変容

First we shape our buildings, and afterwards our buildings shape us.

人は家をつくり、家は人をつくる

——*Winston Churchill*

1943年10月28日庶民院での演説（議会議事録より）

家族は虚像？新しい集住の行方から個と家族、主体と世帯、ＩとＷｅの揺らぎ

「家族」とはなんだろう。家族の形は誰が決めているのだろう。現代の私たちはどうして核家族という形をとってきたのだろう。明治から現代そして未来へ。これから私たちがどのような関係性をもって生きるのか。あまりに当たり前にある「家族」の意味を、もう一度考えてみたい。

宮前眞理子

「住み手の主体性とは？」。この問いを立てるにあたって、その基本となる条件として、家族と個人がどのように社会に存在していたか、そのあり方がどうであったかが大きな要素になると考えた。そこでまず日本が西欧の思想やシステムを取り入れ、激しく変動した近・現代の時期に焦点をおき、社会や国の向かっていた方向性、それに基づく法、制度、施策などから、その時期の社会の流れのなかで「家族や個人」のおかれた位置や変化について振り返り、これからを考える現在地点

を確認したいと思う。

20世紀の100年は、西欧諸国は帝国主義の覇権争いの果てに第一次世界大戦、さらにファシズムの台頭の結果、日本も主たる戦争当事国となりアジアを巻き込む第二次世界大戦の2つもの世界大戦を経験した。その過程で、植民地の独立戦争や労働運動などにより、王や皇帝による君主制が崩壊し、立憲君主国制や共和制など、近代国家として市民・国民が一部でも政治に参加する議会制が国の運営システムとして広がった。多大な犠牲を生んだ世界大戦の反省から戦争を二度と起こさないという平和主義の気運が高まり、第一次大戦後には国際連盟、第二次大戦後には国際連合などの国際的な話合いの場がつくられるなど、世界情勢も激しく変動した。一方ワイマール憲法に象徴されるような、個人の尊厳や人権についての思想も追求され、精神世界の新たな展開と、科学技術の著しい発展が猛烈なスピードで私たちの世界観を変えた時代である。

日本は長く続いた鎖国と封建社会が終わり、近代国家に向かう明治維新とその動乱の後に、国の統治形態や社会制度を欧米近代国家に倣《なら》って制定し、統治や社会システムが大きく変わった時代でもある。世界が激しく変化した明治から現在までに注目し、明治時代の後期から日本が焼土となる第二次世界大戦の敗戦、そして敗戦から戦後の復興を支えた高度成長とその停滞を体験した20世紀後半、さらに21世紀から未来へと、その3つを時代区分して「家族や個人」がどのような時代背景や、精神風土のなかにあったかを確認しつつ、主体性のありようを考えてみたい。

1 1900年ごろから1945年まで

明治になり、採用された国家の形は立憲君主制であった。大日本帝国憲法のもと天皇主権国家というシステムをとったことで、国民は臣民として天皇＝国家のためにさまざまな義務と奉仕を課せられる存在と規定され、それに反すれば罰せられることになった。国の根本の法である憲法の方向性に合わせて、そのほかの法律や制度は整備されるため、税制、戸籍、刑罰、教育、選挙などそれぞれの分野に細かく分かれながら、家族の形を規制する制度や規則が張り巡らされていった。とくに、1898年には民法のなかで家制度が制定され、それまでの氏族共同体的な「家と一族」という封建的家父長制度の考え方が継承されていく。一族のなかのさらに狭い範囲の親族を「戸主とそれ以外の家族」とし、家の構成メンバーとして定義し、戸主がすべての家族を統率するという形が戦前の家像＝家族像として規定された。家族という言葉は権利のない親族一同の名称ということで法律用語となったわけである。

家制度における相続は、家督相続として、戸主の統率権、財産権のすべてを一人が継ぐという男子長子相続（父－息子相続）が行われ、戸主には家族の扶養義務が課せられていたものの、戸主の主体性がすべてを代表して家の主体性となる構図であった。

明治民法でも女性は差別され、学問の自由、婚姻の自由、職業を持つ自由、家にまつわる権利、経済的権利も含め、すべてにおいて従属的存在であり、「女は三界《さんかい》に家無し」（親に従い、夫に従い、老いては子に従う）と言われるように、どこにも安住の世界はなかった。格式、家柄、新たな身分制度などが、家同士の婚姻の手段ともなっていたことは、封建的な社会とその実態はあまり変わっていないといえるのではなかろうか。

こうしてみるとおり、この時代の家族の形はそれぞれの家族が選んで自由に形づくるものではなく、制度として定められ、さらに家族の構成員を戸主が統率するという、国の方針による「家族秩序」として強制されていたことがわかる。

このような秩序社会のなかでは、私たちの精神生活は育たず、暮らし方、生き方の主体性は容易には発揮できなかっただろう。戸主とても、家制度を維持することが責任を果たすことであり大きな目的となっていたと考えられ、住み手として、ひとりの人間としての自分の考えをもち自由に生きるという主体性を発揮することは至難なことで「変わり者」扱いされただろう。この制度のもと、日本国は富国強兵、領土拡大を志向し、西欧諸国に負けじと15年戦争、第二次世界大戦へと突き進んでいく。「滅私奉公」「お国のため」ということに疑いをもたない国民は、こうしてつくられたといってもいいだろう。

今も守られる先祖代々の墓

明治の大家族（近江商家の家族）

家制度に由来し現代にも残る記憶は、いまだに私たちの暮らしのなかにもある。たとえば、「○○家××家　披露宴」とか「△△家の墓」など、「どんな家があるというのか？」と思われつつも、現代も記号として存在し続けている。そして、記憶は忘れ去られるのではなく、常にオーバーラップして私たちの主体性にも影響し続けるのである。

2 1945年から2000年まで

1945年8月15日敗戦。戦争は終わった。アメリカ軍の占領下におかれ、日本の天皇主権国家は解体され、新しい国家体制へと転換することとなる。

第二次世界大戦後の世界は、国家主権主義によって戦争が引き起こされ、大量の殺戮と破壊が行われたことを反省し、平和主義、基本的人権を擁護する社会へと大きく舵をきった。その流れにも後押しされ、国民主権、基本的人権の尊重　平和主義を三大原則とする新たな憲法である日本国憲法が制定され、生存権、幸福追求権など、個人の自由と尊厳の尊重が規定された。とくに女性の人権の確立は、男女同権、学問の自由、職業選択の自由、婚姻の自由、参政権などなど目覚ましかった。女性はひとりでも自分の考えによって、健康で文化的な暮らしをする権利を得た。

このことがたった70年前にようやく確立されたものであることを私たちは忘れてはいけないと思う（図1）。

この憲法により、日本人は一人ひとりが個人としての自由や権利を持つことを基礎に生きていくことになり、家族の法律もまたそれによって大きく変わっていく。

家制度は廃止され、両性の合意に基づく婚姻によって親から独立し、新戸籍がつくられる。戸籍は2世代の親と子だけの戸籍であり、すべての子に平等の相続も規定され、「核家族＝親と子のみ」という形態が制度としても家族の形となった。

さらに、財閥の解体、農地改革による寄生地主の解体といった経済的階層格差の消滅、職業選択の自由などにより、戦後の経済成長の素地となる一億総中流のような日本人像が準備されたと考えられる。

戦後高度成長が始まる1955年ごろ以降より、1970年ごろまでの間、産業構造も農業・林業・水産業などの一次産業から製造業や建設業などの二次産業、運輸通信業やサービス業などの三次産業へと変化しつつ、急速な経済成長が進

平等権……差別されない権利			
自由権	精神の自由	思想・良心の自由、信教の自由、学問の自由、集会・結社・表現の自由、通信の秘密	
	身体の自由	奴隷的拘束・苦役の禁止、不正逮捕の禁止、抑留・拘禁の禁止、黙秘権、一事不再理、拷問・残虐な刑罰の禁止、住居の不可侵、自白強要の禁止、令状主義、遡及処罰の禁止	
	経済活動の自由	居住・移転・職業選択の自由、財産権	
社会権	生存権……人間として最低限度の生活を国に保障してもらう権利		
	教育を受ける権利……教育を受ける環境と機会を国に保障してもらう権利		
	労働基本権	勤労の権利……仕事と最低限の労働環境を国に保障してもらう権利	
		労働三権	団結権……労働組合を作る権利
			団体交渉権……労働組合が経営者と話し合う権利
			団体行動権（争議権）……労働組合がストライキなどを起こす権利
請求権	国家賠償請求権……国や公務員に人権を置かされた場合、お金をもらえる権利		
	裁判を受ける権利……トラブルが起きた場合、裁判によって解決してもらえる権利		
	刑事補償請求権……無罪なのに裁判にかけられた場合、お金がもらえる権利		
	請願権……国に対して自分の意見や苦情を言うことができる権利		
参政権	選挙権……選挙で投票する権利		
	被選挙権……政治家に立候補する権利		
	直接民主制	国民審査……気に入らない最高裁判所の裁判官を投票で辞めさせる	
		特別法の制定……特別法の制定を最終決定する	
		憲法改正……憲法の改正を最終決定する	

図1．日本国憲法における基本的人権について──人権の種類と権利の内容

出典：政治経済塾 http://wwwgeocitles.jp/ttovy42195km/sub2.html

む。家族労働でなく、個人がサラリーマンという形態で雇用され収入を得る労働形態の普及と核家族が結びつき、経済成長を支える家族の形となって「企業戦士と専業主婦と子ども」という役割分担家族となっていった。

さらなる景気の浮揚策として国土開発や列島改造論などが提唱され、１９７０年以降には「核家族の資産形成」のかけ声のもとに、分譲マンションや郊外に庭付き一戸建てを取得することが核家族の夢である、という持ち家政策が推進された。

地価は高騰し、不動産バブルが創り出される。都心から遠く離れたマイホームからのラッシュアワーの遠距離通勤も見慣れた風景となっていった。さらに低金利の融資、取得減税などの政策も核家族という単位での住宅取得を後押ししたのである。

このような住まいづくりに住み手の主体性はどのように発揮されたのか。

政府の誘導の通りに、住宅を取得すればあとは何も心配がないと本当に思ったのだろうか。じつは、多くの人がどうもそう思ったようだ。住み手の主体性を問う言葉は、掻き消されるか、あるいはほとんど省みられなかったのではないか。住み手も買うことには熱心でもその後については、「きっとどうにかなる」と深く考えてはいなかったというのが実態であった（図２、３）。

個人の尊重の概念から生まれた核家族であったが、戦後のベビーブームもあり、生む性である女性の自立と社会進出は家制度の記憶やさまざまな因習にも影響され、実態は相変わらず非常に遅れたままであった。また「男は仕事、女は家庭」、「子どもは3歳までは母親が育てるべき」などの発

図２．現代住宅すごろく

出典：1973年１月３日 朝日新聞より

この「現代住宅双六」は、1973（昭和48）年お正月の特集のなかで当時京都大学助教授の上田篤氏の評論「貧しき日本の住まい」の付図として庶民の住み替えの研究から作成されたものである。上田氏は所得倍増計画、列島改造論と経済が回復するなかでも、日本の住宅水準が向上せず、ひたすら自然を破壊して庭付き一戸建てを「上り」と考えるという国民や社会の住生活への考え方の貧しさを批判している。

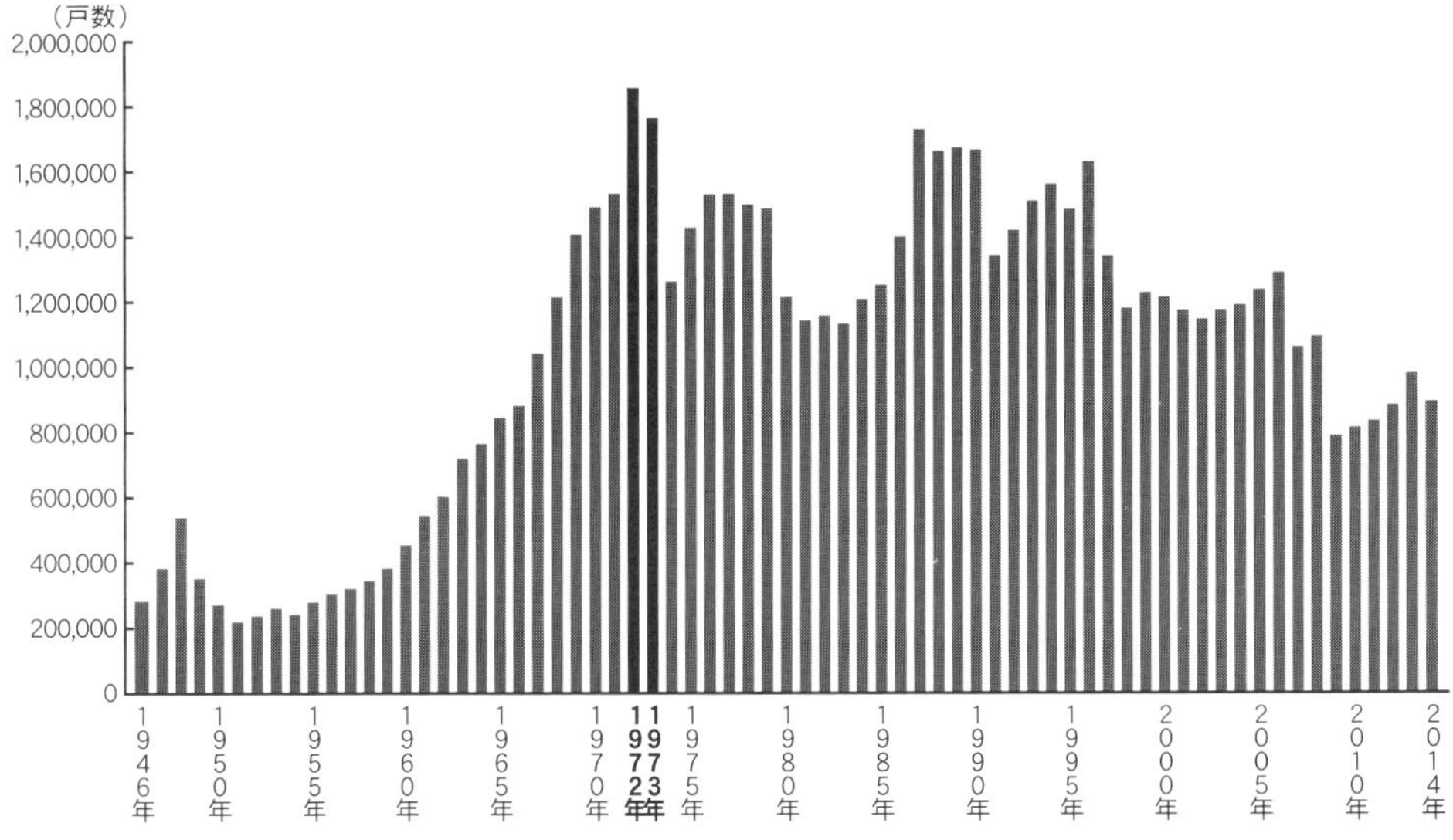

図３．住宅着工戸数の推移

出典：国土交通省「住宅着工統計」

住宅着工数を経済成長の指標とし続けている日本。住宅総数が世帯数を越え、空き家が社会問題化してもなお、住宅着工数の増加を経済成長の指標とし続けるのだろうか。

言をする政治家が少なくなく、出産後の就業継続のための支援は一向に改善せず、さらに男女の給与格差、昇進格差など女性の権利侵害は憲法を無視する形で行われ続けているのである（図４）。

１９８５年ごろから、経済成長も行き詰まり、不動産バブルが弾け不況に突入する。

若者の就職難が続き、大学を卒業しても就職できず、ニート、フリーターと呼ばれるような引きこもりや就職活動をやめてしまうなどの結果、無職の若者や低賃金不安定就業の若者が増加する。非婚、離婚などの増加も含め、結果として親の家から独立することがなく、家に居続ける「成人の子ども」を扶養するという家族が出てくる。定年したら年金で余生を楽しみながら暮らす、といった期待は成り立たなくなり、高齢になった親の介護をするだけでなく、年金で「成人の子ども」を扶養し続けるということさえ現実となった。

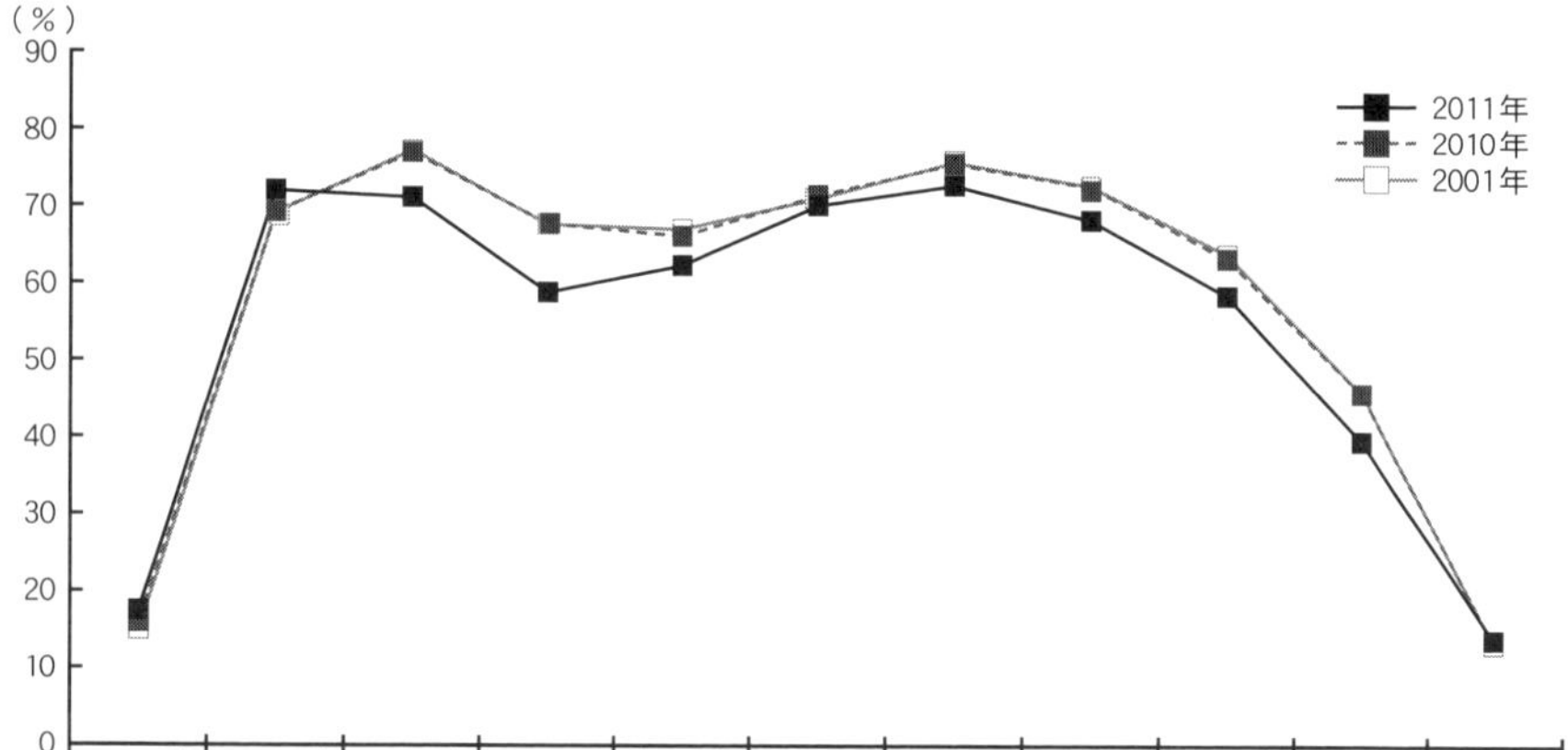

	15～19歳	20～24歳	25～29歳	30～34歳	35～39歳	40～44歳	45～49歳	50～54歳	55～59歳	60～64歳	65歳以上
2001年	17.5	72.0	71.1	58.8	62.3	70.1	72.7	68.2	58.4	39.5	13.8
2010年	16.0	69.2	76.9	67.7	66.1	71.4	75.5	72.5	63.2	45.7	13.3
2011年	15.0	69.1	77.2	67.6	67.0	71.0	75.7	72.6	63.8	45.8	13.2

図４．女性の年齢階層別労働力率

出典：総務省統計局「労働力調査」（2001、2010、2011年）

女性の階層別労働人口は、子どもを生み育てる30歳代で下がり始め、35歳を底として40歳代でまた上がる。いわゆるM字を描いており、出産子育てのためにキャリアを積み始める時期に離職せざるをえないという現状が以前より指摘されており、その改善は容易になされていない。
図は2011年と2001年を比較したものであるが、労働力率は向上しても、相変わらずM字を描いており、女性の労働環境は改善していないといえる。

3 21世紀から未来へ

戦後55年が経ち、21世紀となった。戦争の反省と平和主義から始まった20世紀後半であったが、人の欲望には果てがなく、環境破壊、地球の温暖化や資源の枯渇、世界的飢餓や貧困、やむことのない戦火など、21世紀は幸せな世紀とはほど遠く課題が山積みである。

日本の家族や個人のあり方も激しく変わってきている。高齢化率は総人口が減少を向かえるなかでますます上昇し続ける。２０１４年は65歳以上の人口は総人口の24％である。４人に１人は65歳以上になっている。子どももと、生産年齢人口（15歳から65歳）は減り続けている。世帯の構成もひとり暮らし、夫婦のみの世帯、ひとり親世帯は増え続けるが、夫婦と未婚の子どものいわゆる標準世帯は減り続けている（図５、６）。

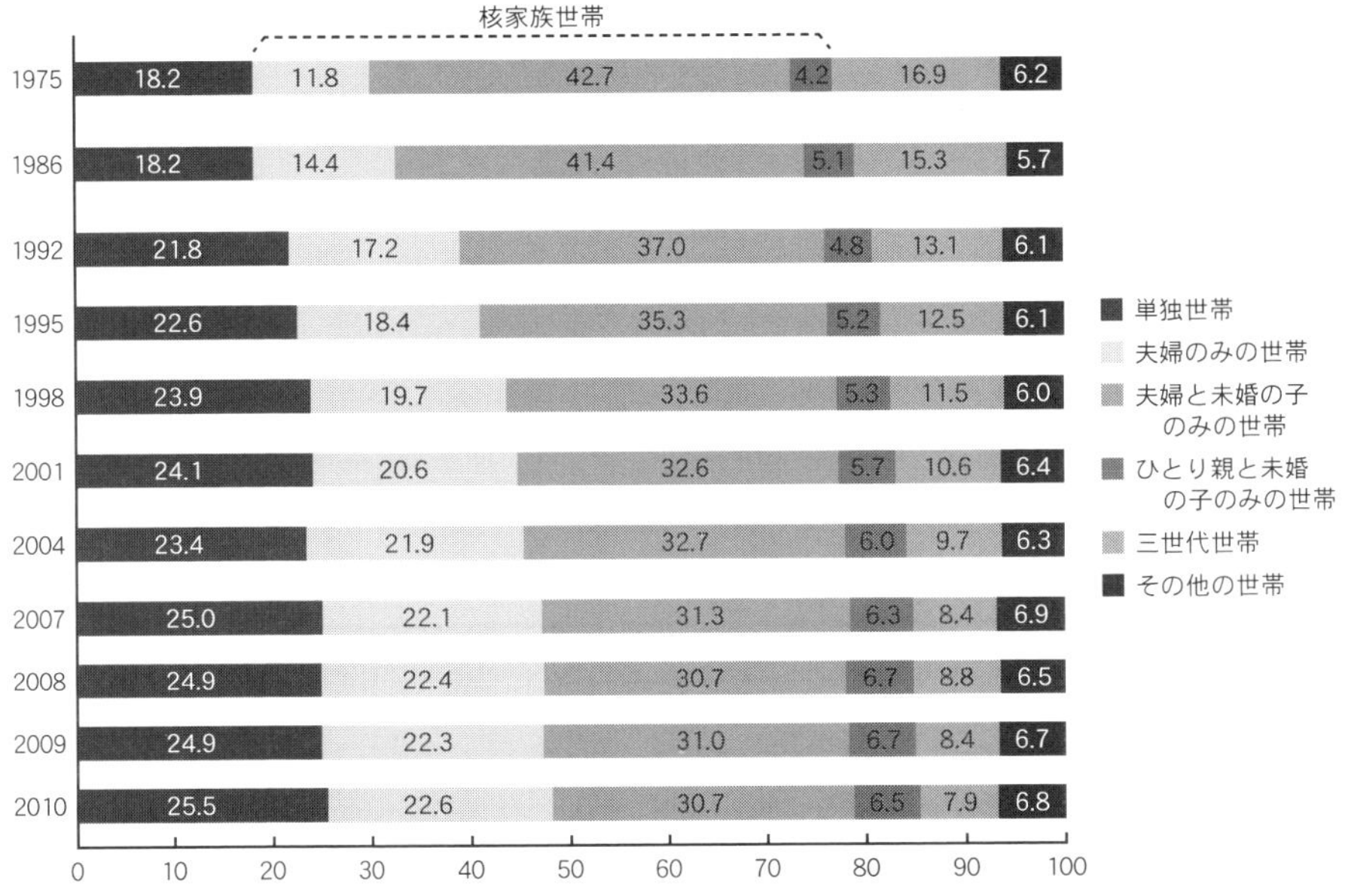

図５．世帯構造別にみた世帯構成割合
出典：厚生労働省「グラフでみる世帯の状況」

さらに統計的には顕在しにくいが夫婦と未婚の子どもといっても、子どもの年齢が20歳を超えているという世帯＝寄生的単身（パラサイトシングル）のいる家族や事実婚やシェア暮らしなど、他人との同居も増加しており、一概には分類できないほど核家族の姿も多様になっている。単身者も高齢から若年までさまざまな年代であり、単身である理由も死別や未婚、離婚だけでなく、単身赴任や別居結婚などの場合もある。

収入構造、労働形態、家族構成も世帯の姿も多様になり、個々の人も家族も姿が見えにくく、バラバラな日常を送り、多様な困難を抱えながら孤立している。

他人だけでなく家族間でも育児や

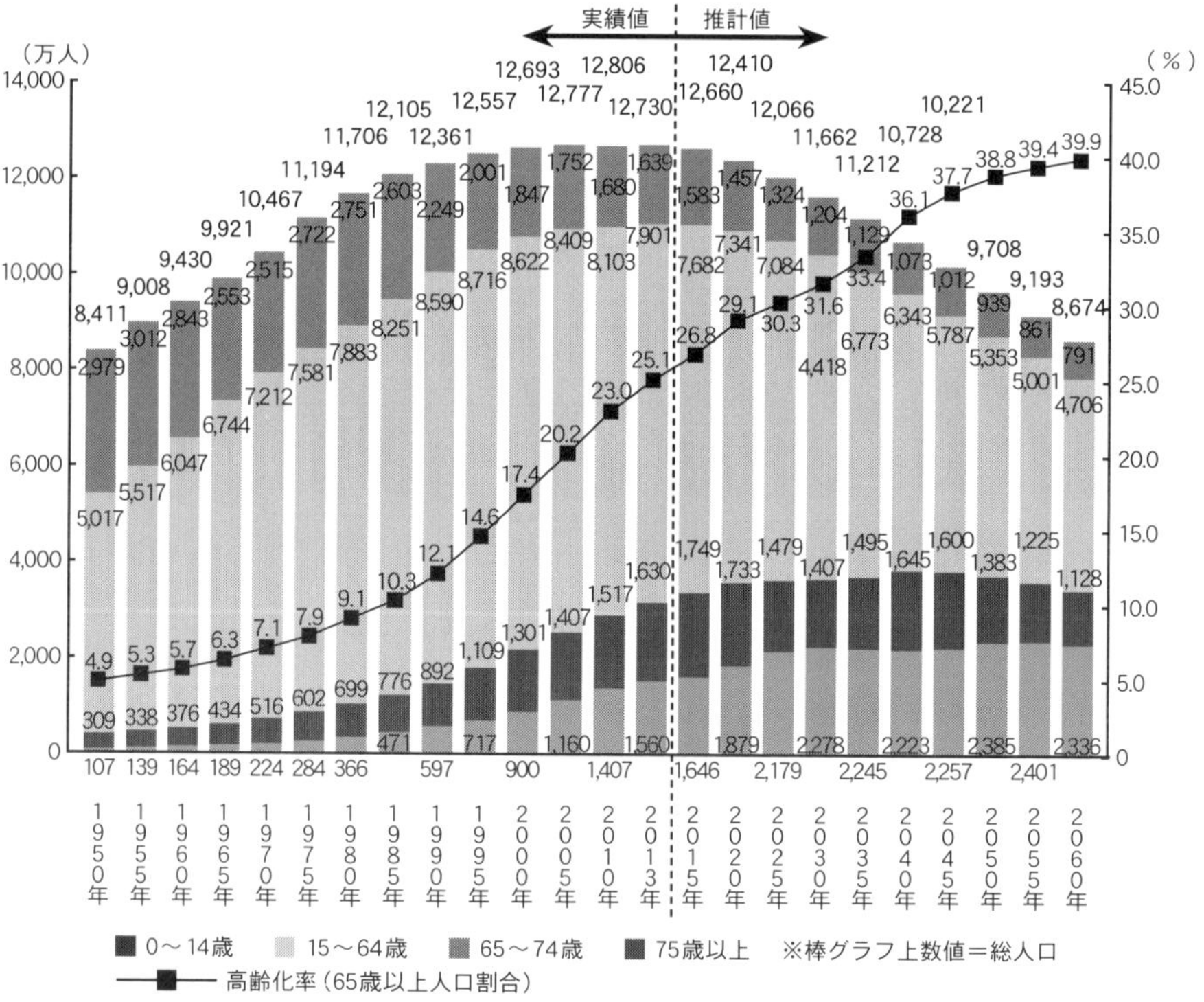

図６．高齢化の推移と将来推計

出典：内閣府「高齢社会白書概要版」（2012年）

総人口は2015年から減少し続けるが、高齢化率は上昇の一途をたどる。2015年現在でも４人に１人が65歳以上である。2060年には高齢化率は65歳の人口が約40％に達する。

介護を助け合うこともできなくなってきている。

世帯数は一人世帯の増加もあるが、平均世帯人数は減り続けており、戦後１９５５年の５人から２０１０年では半減して2・56人になっている。

ますます個人が孤立し、家族は機能せず、高齢化は進むが非婚や少子化で人口が減り、若い人がいなくなるという、データでみれば暗い予測しかなさそうだ。

個人の人権の尊重を基本として生まれた核家族であるが、核家族という形態自体が成り立たなくなっている、あるいはメルトダウン（溶け崩れる）し始めているといってよいのではないだろうか（図７）。

「住まいづくり」についても住み手の主体性は、家族のそれぞれが「これからどう暮らすか」「どう生きるのか」を真剣に考えることよりも、常識や因習、あるいはコマーシャリズムに翻弄されさまざまな幻想や経済的秩序のなかでの住まいの選択であったと思わずにはいられない。

高度成長期に核家族のための住まいとして造られた庭付き

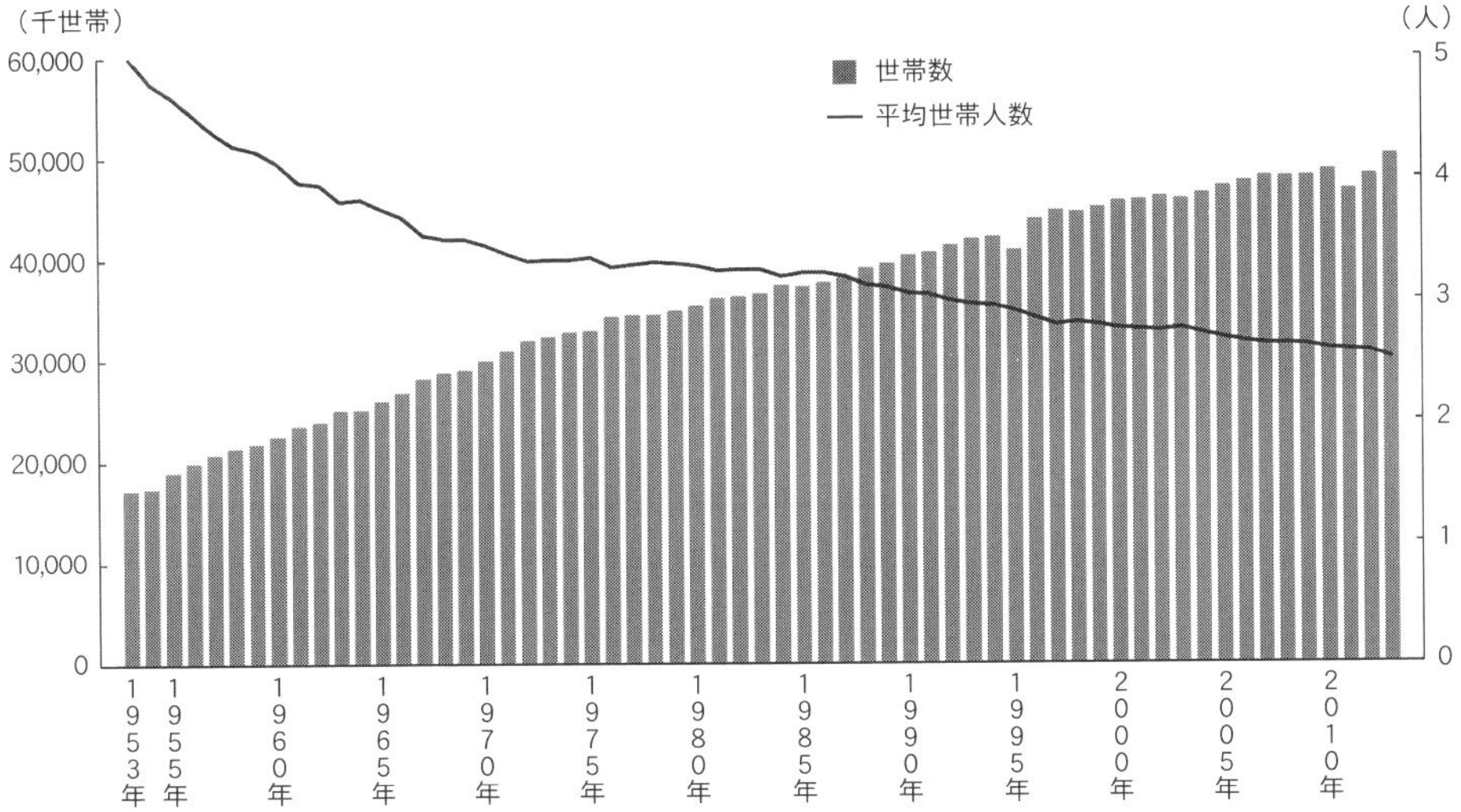

図７．世帯当たりの平均人員推移

出典：厚生労働省「グラフでみる世帯の状況」

郊外一戸建ては、もはや高齢の単身者あるいは高齢夫婦のみの住まいとなりつつある。最初から核家族のための家であったのであるから、親がひとりになったからといって、子ども世帯と同居する３世代同居を望んでも空間的にも仕組み的にも無理なのである。人口減少が始まり、世帯数を上回る住宅がすでに存在するにもかかわらず、多様な生き方、多様な世帯の形、多様な家族の形の受け皿となるには、ミスマッチな核家族のための家が膨大にあり、そのなかで私たちは大きな困難を抱え始めている。

そして、今後こうした核家族の住宅で高齢者の孤立死が多発する可能性、空き家がコミュニティ崩壊の原因となる可能性、人口が減少し消滅する町が出現することなども、すでに予測されている。住宅を造るときに、生活者のリアリティの側面で住み手の主体性が一向に発揮されてこなかった結果であろう。

未来へ＝核家族が崩壊（メルトダウン）したあとのこれからの私たち

家族の形は何によって決まってきたのかを、こうして時代のなかで見てくると、家族の形は制度とともに、国の秩序維持や収入構造、経済政策などによって形成されてきたと言えると思う。私たちは家族の形を「選んだり、創ったり」してきたのではなく、ただ「なった」のである。

しかし、生まれ落ちた場として、すでにあった家族の形の意味に注意が及ぶことはまれなことであろう。このような受け身の基盤としての家族の形があり、「暮らす・住まう」という私たちの日々の生活が身近で自明のことであるがゆえに、その意味を発見したり、理解したりすることは非常に難しいのだと思う。家族の本性や意味について考えることがないまま、家族は過剰な期待や、思い込み、幻想をはらむものとなってきた。親だから、子だからと当然のように言い合い、愛憎の果ての殺人事件なども日々起こる。このような受け身の閉ざされた家族像のなかでは、私たちが私たちの主体性を発揮することは容易にできないと言えるだろう。

これからを生きる現代人としての私たちは、史上初めて家族というもっとも基本的で自明と思われた関係の意味を発見しなければならないのである。

同時に、住まいや住まい方と私たちのあり方のズレがはっきりし、さまざまな暮らしの不安や思うようにならないことが目の前に具体的に姿を現した現在、私たちは、受け身や人頼みでなく、自分たちがどのように生き、どのように暮らし、どのように次世代を育て、どのように高齢期を迎え、どのように死んでいきたいのかを考える（考えざるを得ない）スタートラインにようやく辿り着いたともいえるのではないだろうか。ここから、私たち一人ひとりがどうしたいのかを考え発信するとき、そこに家族の意味や家族を越えた個をつなぐ新たな関係づくりへのヒントが示されるのではないかと思う。

ＩからＷｅへ。住み手である私たち＝Ｗｅの主体性とは、私とあなたの主体性のどちらが正しいか決めることでも、多数決で進む方向を決めることでもない。一人ひとりがみな異なり、この世界は多様な人たちがいるからすばらしいということを認めること、またそのために知恵を絞ることであると思う。

そしてお互いが他者に思いを馳せるから可能性が生まれ、多様で一人ひとりが違うことが認められるからこそ、個である「私」の尊厳や自由が存在する。

他人同士が共同する住まい

コーポラティブハウスやコレクティブハウスなど、家族や血縁などによらず他人同士が共同する住まいは、少人数の家族や一人で生きる人が増え続けるこれからの住まいとして大きな可能性をもつと考えられている。多様な関係性のなかで生きるために私たちは何をしなくてはならないだろうか。

宮前 眞理子

これらの住まいの定義

コーポラティブハウスとは

入居希望者が建設のための組合をつくって共同で建設する集合集宅。土地の購入から共同部分の設計、さらに工事まで共同で進め、住居部分には自由度をもたせている。入居者の好みに合った住まいを経済的に入手できる方法として、世界の多数の国で、このようなシステムによる住まいづくりが行われている。

コレクティブハウスとは

家事や子育てなどの生活の一部やハウスの管理などを共同で行う前提で集まった居住者によって居住者組合をつくり、暮らしのなかでゆるやかなつながりや助け合い、安心感などをみんなで創り出し、核家族やひとり暮らしではできない多世代の自然な暮らしの可能性に価値をおいた集合住宅。個々の住宅は独立した水回りを完備しているが、大きな台所や食堂、洗濯室、子どもの遊び場、ゲストルーム、庭などの共用空間ももち、入居者間のコミュニティ重視がはかられている。スウェーデンでは公営住宅にもこのタイプが用意されている。

これらの2つの住まいは、混同されたり、間違って理解されていることがあるが、コーポラティブハウスは住まいを共同で取得する方法であり、コレクティブハウスは暮らし方を共同化する住まいであって、まったく違うものである。

しかし、ともに1つの家族や一世帯が単独ではなく、数家族、数世帯（一人世帯も含む）が共同で行動を起こす点では似ているところがある。ともに同じ船にのり海に漕ぎ出すような、他者との共同や他者を受け止めるという開かれた関係づくりがそこには必要であるからである。他者を受け止め、信頼関係をつくるという点で、これらのハウスは住み手が主体的に関わる住まいということができると思う。

ヨーロッパやアメリカでは、コーポラティブ方式でつくられたコレクティブハウスもたくさんあり、コーポラティブハウス、またはコレクティブハウスとも呼ばれている。

コーポラティブハウス、コレクティブハウスの歴史と広がり

コーポラティブハウス、コレクティブハウスの歴史は、17世紀から18世紀にかけヨーロッパで産業革命が起こり、人々の暮らしが激変し、工業化のなかで悲惨な状態であった工場労働者の生活を改善しようというユートピア思想から始まったと考えられている。19世紀イギリスのロバート・オーエンのユートピア社会主義理想郷では、農業と産業の調和や、男女平等、共同でいろいろなものを生産し、誰でも利用できる食堂や学校、図書館や運動場などの共同の空間がある。フランスでもシャルル・フーリエが労働者の生活向上だけでなく生活文化などの面でも上流階級に劣らない豊かなものであるべきだとして提案した理想郷は、ベルサイユ宮殿のようで、工場や作業場、農場などの働く場と、共同キッチンやダイニングホール、学校、劇場、美しい庭、運動場など共同の設備が備わっていた（図1）。

このような考え方は、保守的な家族主義の流れや男性中心主義などによって何度も挫折するが、労働力をより引き出すための環境整備という資本主義的な考え方も要因となりつつ、ヨーロッパでは多様な住まいのスタイルを生み出した。

20世紀に入ってからは、それぞれの家族がキッチンをもち、家族単位で暮らすが

図1．シャルルフーリエのユートピア

共同空間のある集合住宅のスタイルや、上流階級のようにメイドを雇えないので、使用人をシェアして家事労働を軽減しようという発想なども生まれ、効率的に空間や使用人をシェア利用するために集合住宅にはセントラルキッチンを設けるセントラルキッチン・ビルデングというものがヨーロッパ各地の主要都市などに見られるようになった。居住者はセントラルキッチンから食事を自分の住戸にダムウエダー（小荷物専用昇降機）で取り寄せるようなシステムをもつタイプもあったという（図２）。

その後、１９６８年の「パリ五月革命」や「プラハの春」と呼ばれる民主化運動、ベトナム反戦運動など近代社会への異議、民主主義を求める気運の噴出、１９７０年ごろから世界中で起こった環境保護運動やもっと自由に自分らしく生きようというヒッピー運動など近代社会への改革運動の潮流のなかで、「自分たちの暮らしを自分たちの手に取り戻そう」とする運動がスウェーデンで起こり、セントラルキッチン方式のレストランで食事をとり、掃除なども共同の使用人がするようなサービスモデルスタイルでなく、自分たちが食事づくりや家事を分担して行うセルフワークモデルというスタイルが提案され、現在に至っている。

こうしてみてくると、コーポラティブハウスとコレクティブハウスの起源は同じような源から始まり、スタイルとして別れたものであると考えられる。コーポラティブ方式で建設されたコレクティブハウスは合理的に共同で建設し、共同で暮ら

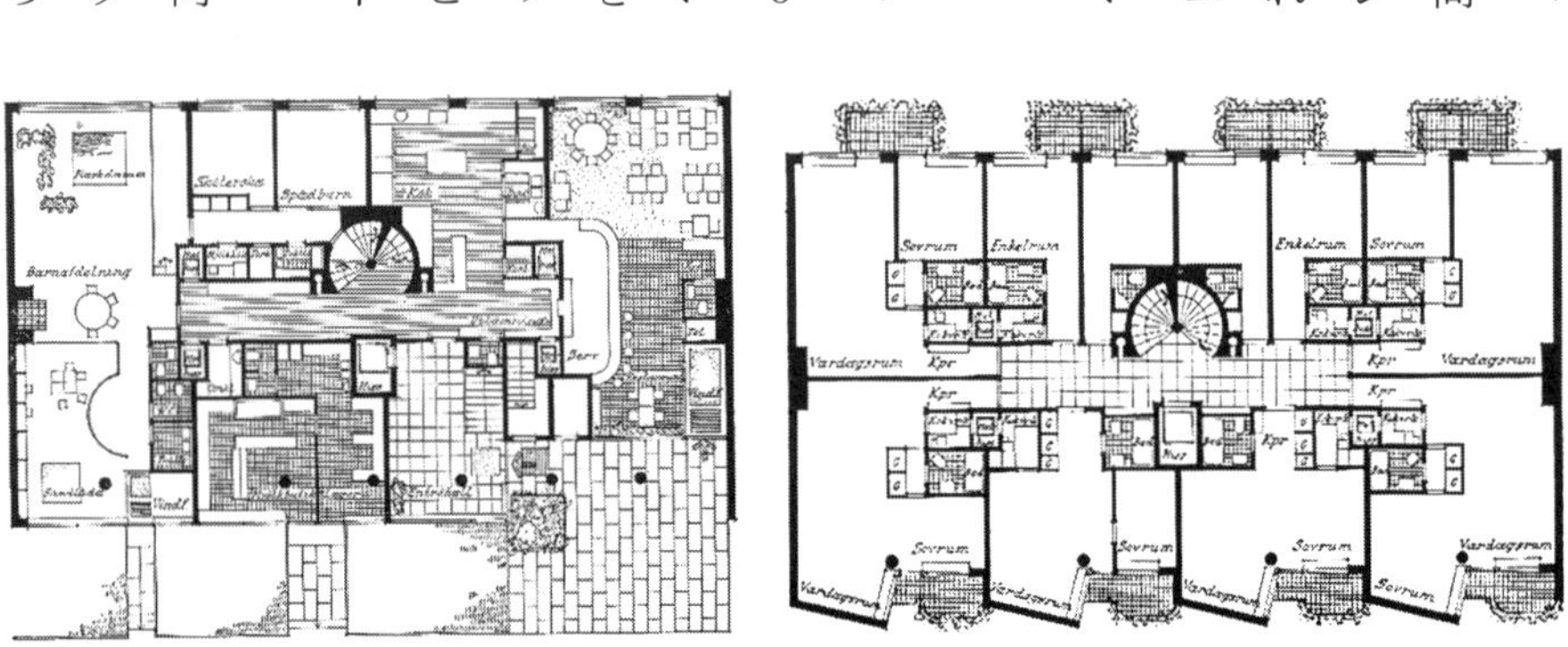

図２．セントラルキッチン・ビルディングの事例

しも運営する住まいとして、デンマークやアメリカではこのコーポラティブ・コレクティブ方式が多い（図３）。現在では、このような共同の考え方をもつ集合住宅は、ドイツや北欧諸国のみならず、大部分のヨーロッパ諸国、アメリカ、カナダなどでも普及している。

コーポラティブハウスの日本での状況

日本では、１９６８年に渋谷区千駄ヶ谷に都市居住にこだわった４名の建築家のコラボレーションによって建てられたコーポラティブハウスが最初とされている。

１９７０年に、住宅金融公庫がコープ住宅に「個人共同融資」適用を認めたことから、急速に普及し、その後、建設省の専門委員会の報告書によるガイドの完成、全国的なコーディネーター組織の誕生、住都公団の「グループ分譲住宅制度」の創設など、コーポラティブハウス建築のための環境が整備されたこともあり、マイホームブームにものり、市民権を得て今日に至っている。

しかし、現在は公的なものはなく、民間の企画会社によるプロジェクトが主で、住み手が自分たちで企画するような事業は少なくなっている。そのことが住み手を

図３．コハウジング社のプロジェクト

左：Wolf Creek Lodge's common house　　右：Valley Oak Homes

出典：「McCamant & Durrett Architects　Newsletter」（2014年６月・３月）

単なる参加者にしてしまい、自分たちがつくるという楽しさや責任感を失わせ、たいへんに手のかかる事業というイメージも生んでいる面もある。毎年、数十棟は建設されており、現在日本には累積総戸数10万戸くらいがあると思われる（図４）。

コレクティブハウスの日本での状況

コレクティブハウスが日本で紹介されたのは１９９０年ごろからである。最初は働く女性のための住まいとして女性解放的な視点もあったが、子育てや共働きの家事労働の軽減、ひとり暮らしでも孤立しない暮らしなど、誰の住まいであっても豊かな可能性をもつ集合集宅として研究活動グループ（ＡＬＣＣ：アルック）などにより紹介や普及啓発活動が行われるようになった。核家族での暮らしが標準という時代に、暮らしの共同化ということはなかなか理解されず、容易には普及しなかったが、１９９５年に起こった阪神大震災の仮設住宅での老人の孤立死をきっかけに、孤立を防ぐ手だてとして共同の食事スペースなどを設ける「ふれあい仮設」として、コレクティブハウスの考え方が取り入れられた。復興住宅として造られた兵庫県の県営住宅や神戸市営住宅などにも「ふれあい住宅」という名前で、コモンスペースをもつ

図４．コーポラティブハウス 三田伊皿子坂ハウス
写真提供：株式会社コプラス

高齢者向けのコレクティブハウスが造られた。

しかし、住み手が自分たちで共同化するという説明なしの抽選入居であったので、この暮らし方の紹介も十分には行われず、コモンスペースがなかなかうまく活用されないまま現在に至っているようである。１９９８年には小谷部育子著『コレクティブハウジングの勧め』（丸善）がコレクティブハウジングを紹介するまとまった書籍として、初めて出版されている。２００１年に研究活動グループＡＬＣＣが、ようやくコレクティブハウスの事業化支援を行うことになったのを契機に、ＮＰＯ法人コレクティブハウジング社（２００１年～現在）が設立された。

２００３年に「ＮＰＯコレクティブハウジング社」のコーディネートにより日本で第一号の居住者参加型の多世代向け賃貸コレクティブハウス「かんかん森」（事業主：（株）生活科学運営）が誕生した。 前述の「ふれあい住宅」の影響もあって、高齢者の住まいのひとつと思われた時期もあったが、多世代の居住者の住まいとして事業化されている。

２００７年にコレクティブハウス「スガモフラット」（事業主：平和不動産（株））（図５）、２００９年に「コレクティブハウス聖蹟」（事業主：個人）（図６）、２０１０年に「コレクティブハウス大泉学園」（事業主：平和不動産（株））、２０１３年に群馬県公社賃貸住宅として「コレクティブハウス元総社コモンズ」が建設されている（図７）。

居住者が設計段階から参加し自主管理を居住者組合がするというコレクティブハ

図５．スガモフラット コモンルーム

図６．コレクティブハウス聖蹟

ウスは、ようやく5軒になったばかりである。日本ではすべて、賃貸住宅として事業化されており諸外国のようなコーポラティブ・コレクティブの方式のハウスはまだ事例がない。

シェアハウスの流行とコーポラティブハウス、コレクティブハウス

コーポラティブハウスやコレクティブハウスという名前は知らなくても、シェアハウスという名前は現在多くの人が知るようになった。シェアハウスが若者向けの賃料の安い住まいとして注目を浴び、商業ベースで業者によって大都市圏にたくさん造られてきたからである。規模の大きい建築物は１００人近い人が住むものもある。

シェアハウスの本来の姿は「数人で一軒の家を共有して暮らす」というものであり、コレクティブハウスやコーポラティブハウスとも共通する「他者と共同で暮らしをつくりつつ、さまざまな可能性を広げる」というところに価値をもっていた。

しかし、現在の日本で流行しているシェアハウスは業者が供給し、イベントなどを

ある日の夕食
（コレクティブハウス元総社コモンズ）

図７．コレクティブハウス元総社コモンズ

運営し、業者が管理し、掃除やゴミ捨てなどの家事も業者が行うというモデルがほとんどである。居住者は最低限の自分のための家事だけはするが、人のために何かすることはまったく期待されていない。それどころか、多くの場合、事業者の管理運営に従うことが求められている。本来のシェアハウスの思想とは正反対の、言ってみればゲストハウスのようなサービスハウスである。

結果として、一軒の家を蚕棚《かいこだな》のように仕切り、人を詰め込む悪質な貧困ビジネスとして脱法ハウスと呼ばれるものや、高級な什器《じゅうき》備品を備えたもの、女性専用のシェアハウスなど、商品としてさまざまなタイプのハウスが事業化されている。

こうしたシェハウスの流行に比してコーポラティブハウスやコレクティブハウスは両方とも事業の広がりに頭打ち感がある。言葉のわかりにくさも含め、敷居が高いイメージがあるのだろうが、その原因は現在のシェアハウスの流行要因にも関連があるのではないだろうか。

まず、経済的要因はあるが、地価や建築費の高騰、所得の低迷などの経済的状況が変わったとしても、急速にコレクティブハウスやコーポラティブハウスが増加するということにはならないだろう。また、そのほかの制度や供給の仕組みなどの課題が改善したとしても、簡単に普及するようには思えない。シェアハウスが大量に流通するという現実には、私たちの抱えている別の課題があるように思われる。それは貧困や

みなのテラスガーデニング
（スガモフラット）

居住者組合の定例会
（スガモフラット）

孤立ということだけでなく、ひとつには、成果主義や効率優先の考え方が徹底的に私たちの社会に浸透してきており、人間関係や暮らしですら合理的、合目的、効率的に運営されることに意味があるという価値観が、生活のなかに知らず知らずに影響を及ぼしてきているということではないだろうか。現代は、数値化された目標に向かって、もっと素早く、もっと効果的に考え、成果を出すことが求められることが日常化している。とくにこれからを担う若い人のおかれた労働環境や教育の状況にその影響が大きいと思われる。

コーポラティブハウスやコレクティブハウスが広がるための課題となっていることのひとつとして、暮らしをつくることとは答えを出すことではなく、プロセスそのものであり、プロセスに価値をおき、そのために時間をかけなければならないということがあるのではないか。

本来、生きることとは、納得できるまで話し合うことや、自分たちで考えてつくる楽しみや、人のために役立つ喜びなど、お金では買えないモノ、ひとりでは生み出せないモノがたくさんある。集団で生きる生物としての人の暮らしとは、このような一見面倒くさそうで、答えがひとつではなく、多様な価値観を並行的に含むものであるという経験や考え方（個人の尊重や他人を受け入れることなど）が必須であり、コレクティブハウスやコーポラティブハウスのもっている、ほかにはない価値である。その考え方を私たちの住まいの選択肢のひとつとして、もう一度はっきりさせることが普及には重要であると思う。私たちがお互いを尊重できるかということ。絶対矛盾的

コモンルームで線路は続く
（スガモフラット）

クリスマス会のご馳走
（コレクティブハウス大泉学園）

自己同一であるともいえる。

現在のように、商品として提供された住まいではあっても、若い人たちのなかには、シェアハウスに賃料が安いことや、家事を最低限にしたいなどの理由だけでなく、つながりや安心を求めたり、出会いの可能性を広げたい、という理由で入居する人もいる。また、プライバシー優先で核家族のなかで育ってきた世代には、短期間でも新鮮な体験の場を提供している側面もある。最近、シェアハウスの暮らしをシングル時代に体験した若い人たちが、結婚生活や子育てをするときもいろいろな人とシェアをして暮らしを続けたいと、コレクティブハウスにアクセスしてくることが増えてきている。

21世紀のこれからは、自分たちがどんな暮らしをするか、誰とともに生きるのか、どんなふうに子どもを育て、どんなふうに暮らしを楽しみ、老いに向かう時代を過ごし、どんなふうに旅立ちを迎えたいか……。モノでなく暮らし方を住み手が主体的に選択する時代がようやく始まるのではないだろうか。専門家ももっと既成概念を越えた提

休日のミール風景
（スガモフラット）

案をする必要がある。持ち家か借家か、一戸建てかマンションか、田舎か都会か、在宅か施設か、同居か近居か、家族か他人かというような二者択一を迫るのでなく、多様に混ざり合うプロセスとボーダーを超える選択肢を私たち自身が創り出すことが必要であると思う。

地域・まちの変容と主体形成

個人化の傾向は世帯を構成員とした自治会・町内会はじめ地域社会の自治機能にも影響を与えている。複雑化する地域の課題に対して従来の地縁組織のみならず、多様な主体の連携による地域ガバナンスが問われている。

木下 勇

町内会・自治会は主体となり得るか?

町内会・自治会。それを構成する隣組(隣保斑)。これは戦前、日本が軍国主義に染まる、末端の推進力となったことから、戦後、GHQが解体を試みた。しかし、町内会・自治会はなくならなかった。行政は、末端の情報伝達組織として重宝して扱い、市政協力員、民生委員、児童委員など、行政施策において住民に普及、事業展開するために必要な住民代表組織を必要としたことが大きい。

町内会・自治会は鵺《ぬえ》のようなものとは、ある連合自治会代表の言葉であるが、まさに、そんな鵺のように行政組織なのか、いや任意組織なのか、時と場合によって変幻自在な顔をもつ（注1）。名和田是彦氏はこれを「町内会的精神構造」と呼び、日本の文化の型として存在しているゆえに、GHQでも解体できなかったと理由にあげる（注2）。それは自然災害がよく起こり、人々が協力しなければ生産も生活もできない村落共同体のときからのDNAに埋め込まれているのか、それとも前述のように行政に都合のよい面と、また自治会・町内会にも重宝とする理由が合致したのであろうか。

しかし町内会・自治会が市民の代表かという議論は、1970年代の新住民が急激に増えた都市近郊農村において社会学の研究テーマとしてよく取り上げられた。これまでの知見から言えば、地つきの旧住民層が全居住者の3割以上を占めている場合は、旧体制のまま運営できるが、3割を切ると新旧住民の対立が生じ、旧体制のままの維持は困難になってくるようだ（注3）。

ところが時代は、当時と異なり様相が異なってくる。地域は少子高齢化、防災、防犯、さまざまな課題が山積みであるが、自治会・町内会活動に関心をもつ層も減り、子ども会や消防団も消滅し、マンパワーが激減。権力の集中のように外から映るが、じつは担い手不足に悩んでいるのが役員たちという場合も少なくない。町内会・自治会の加入率は減っているように見えるが、数値上では1970年と2003年に大きな変化はない。人口減少ほどに世帯数が変化はないことは、家族から単身世帯の増加を意味し、会費は払っても自治活動に参加しない世帯の増加という傾向は見えてくる（注4）。それでも、このまま町内会・自治会は、そういう地域の自治の主体となるであろうか。

注1
木下勇「地域ガバナンスと町内会・自治会」、悪千九答著、住総研編著『新米自治会長奮闘記』萌文社、2013年

注2
名和田是彦『コミュニティの法理論』創文社、1998年。97頁

注3
三橋伸夫・木下勇他『農村集落運営と合意形成』（社）農村生活総合研究センター、1990年

注4
内閣府「平成19年度国民生活白書」2007年
http://www5.cao.go.jp/seikatsu/whitepaper/h19/01_honpen/html/07sh02103.html

町内会・自治会と住まいの課題

町内会・自治会は民生委員や児童委員など、社会福祉面での機能としては、行政施策においてはその施策展開の末端窓口としての役割を担ってきた。だが、住まいをはじめハードな環境としては、どうであろうか。１９８０年の地区計画制度導入により広まった、地区計画策定への住民参加の場としてのまちづくり協議会という形態は、以降、地区計画以外にも、そのようなハード環境の計画を策定する場合の方式として普及してきた。既存の町内会・自治会にまちづくり協議会をかぶせる場合と、まったく別個につくる場合とがある。それは地域差があるのが当然であるとしても、行政施策の都合のよい形式的な担保として利用する場合には、実質的審議が行われているかどうか、疑わしい場合も見られる。

地区計画制度導入の初期には、誰もが参加できる場として公募によるまちづくり協議会が設定された。東京都世田谷区の太子堂2・3丁目地区まちづくり協議会は、そんな１９８０年時点の準備会からずっと今日まで続いている息の長い協議会である。その地域は農村集落時代から17代続く旧家の大地主層が町内会を運営し、都市化した現在、地区に30年住んでも新住民といわれる、既成住宅地である。その新住民層が住まいをはじめ開発の課題などに対応能力を発揮し、町内会層が、協議会から抜けていった経緯があった。町内会とまちづくり協議会の対立的構図が出来上がり、それは行政にとっては、困惑する事態であり、まちづくり協議会の存続の危機もあったが、それを乗り越えて、今、現在は町内会とまちづくり協議会の融和的関係が築かれている。

行政にとって、土地に絡むまちづくりの課題には、旧家としての大地主が役員を務める町内会を無視するわけにはいかない。だが高層マンションなどの開発のラッシュに対抗したまちづくりルールの策定や住民運動と連携した取り組みにみる、まちづくり協議会のメンバーの積極的な熟練した対応は次第に信頼を得つつもある。道路拡幅、緑道せせらぎ整備など、意見の対立する場でのじっくりと話し合いを重ねる現場での協議によって、次第に協議会への理解も住民の間に浸透してきた。

さらに、まちづくり用地として先行取得されている空地を暫定的にポケットパークとして活用するアイデアも出され、その接する住民も参加してのポケットパーク整備が独自の事業として普及した。緑道せせらぎ整備とあわせて、目に見える環境の向上は、まちづくりに対してのポジティブなイメージを地域に浸透させていった。高齢社会を意識した、「老後も住み続けられるまちづくりワークショップ」も1年かけて開催され、その成果として「楽働クラブ」という、高齢者を中心とした緑化グループが組織され、いくつかのこれらのポケットパークや緑道を花で飾る活動を今日まで続けている（図1、2）。

図1．緑道せせらぎ整備反対住民を交えたワークショップ

太子堂2・3丁目まちづくり活動における緑道せせらぎ整備における反対運動にも現場での両者参加のワークショップなど、顔を合わせながらの検討により2年かけて整備につながった。

図2．楽働クラブの活動

右手の小林松太郎さんが自宅を開放して事務所とすることから始まった。

このような地道の活動の結果、今では地域の住環境の維持や改善になくてはならない存在となっている。そのリーダーの梅津政之輔氏が常に語るのが「生活を守る」という点であった。これは住まいを主体的に形成するときに、個の住宅のみではなく、まちづくりとして展開する必要性を問うている(注5)。

注5
梅津政之輔『暮らしがあるからまちなので～世田谷区太子堂の住民参加のまちづくり』学芸出版社、2015年

地域のガバナンスの空間

これまでたびたび論じられてきたように、地域社会は隣近所の付き合いも薄れ、進みゆく高度情報消費社会は、利便性のなかでまるで個人で生活が成り立つかのような錯覚を与えて、さらに人との関係を断絶してきた。3・11の災害は、それが幻想であったことを私たちに気づかせてくれた。

しかし、3年も経過したときに、すでに「絆」という言葉はもうタブーであるとマスメディア関係者から聞かされた。言葉も消費されていく変化の激しい社会において、私たちは何をよすがに立脚したらよいのであろうか。私たちは言葉までも消費し、移ろいゆく陽炎のような存在なのであろうか。

いいや、マスメディアやインターネットの情報に振り回されるまったくの受け身的存在では

なく、おかしな点は感じ取り、批判的にものごとも考えることができる主体性は失っていないと信じたいものだ。そういった立脚点は身近な地域の生活にある。地域のなかでの具体的な実践は、その反応が直截的であり、観念ではなく、生きた経験として蓄積される。

複雑化する地域の課題。一方、町内会・自治会がそれらの課題処理の能力が衰えてきているならば、先の例のように、その課題を専門とする組織と組むことがキャパシティ・ビルディングとなる（注６）。町内会・自治会という地縁コミュニティに対して、あるテーマのもとに集まるＮＰＯなどの非営利集団をテーマコミュニティと言ったりするが、越智昇氏が「コミュニティと交差するヴォランタリー・アソシエーション」と表現するように、地縁コミュニティとテーマコミュニティの連携が、これからの地域のガバナンスの方向として示唆される。

ガバナンスとは辞書には「統治」と訳されて、わが国ではトップの権限集中と誤った捉え方がされている傾向がみられる。それはまったく反対であり、「ガバメントからガバナンスへ」（From Government to Governance）とローズ（R.A.W. Rhodes）が提唱したスローガン（注７）のように議論されてきた。トップダウンの行政からの統治ではなく、ボトムアップの市民自治のあり方のようでもある。またローズナウ（James N. Rosenau）は「政府なしのガバナンス」（Governance without Government）と唱える（注８）。

ガバナンスには「舵取り」と「調整」として、ないしは「舵取り」（Steering）と「漕艇」（Rowing）という言い方がなされる。コミュニティとは一隻の船に乗っている感覚を共有した集団とたとえてみる。その舵取りは、まちづくり計画などのように目標（ビジョン）を描き、（数年間の）計画を立てることに見立てられよう。そして漕艇は、その構成員が役割を

注6
木下勇「地域のガバナンスと都市計画～町内会とまちづくり協議会をめぐって」、高見沢実編『都市計画の理論』学芸出版社、２００７年、２２０～２４３頁

注7
R.A.W. Rhodes, *Understanding Governance: Policy Network, Governance, Reflexivity and Accountability*, Open University Press, 1997

注8
James N. Rosenau & Ernst-Otto Czempiel, *Governance Without Government –Order and Change in World Politics* (Cambridge Studies in International Relations, No.20) Cambridge Univ Pr, 1992
またＮＧＯの役割を中心に政府なしのガバナンス論を論じたものでは
James N. Rosenau, 'Change, Complexity, and Governance in a Globalizing Space', *Debating Governance* (edited by Jon Pierre), Oxford University Press, 2000, pp.167-200

もって櫓を漕ぐか、エンジンを動かし、目標に近づいていくことであり、それは日常の生活のなかの行為に組み込まれて、初めて動いていくことになろう。住まいのガバナンス（注9）としての主体は、そんな地域のガバナンスの主体でもある。

じつは複雑化する地域課題のようにみえて、それはもともと地域内の人間関係をはじめ、人間と空間との関係も含めて見えないさまざまな関係の網で解決できていた事柄であったのではないだろうか。その関係の網が断絶されてしまっている地域の変容が、複雑化している要因の大半を占めているようにも思える。このような関係の網をセーフティ・ネットワークといったり、またソーシャル・キャピタルということもできよう。ジェーン・ジェイコブズは、そのような関係の網が形成されていた環境が、近代都市計画によって死に追いやられることを見抜いて（注10）、都市計画の権威であるロバート・モーゼスに立ち向かった（注11）。

モーゼス対ジェイコブズの対立は、トップダウン対ボトムアップ、マクロ対ミクロといった二項対立のように受け止められなくもないが、巨大な権力に屈することなく、一市民が反旗を翻し、意見の対立は堂々と争うことがアメリカ社会で起こることが、またアメリカの健全さを示している。チョムスキーはこの点について、さまざまな問題を指摘したのちに「異議申し立ての文化」があることが救いと述べている（注12）。言い換えれば、この点にアメリカ社会のなかでの主体性の発揮があるともいえる。

一方、わが国の場合に、アメリカのように異議申し立て文化を基盤として、二項対立を明確にして、弁証法的にも解決の方向を見い出すという展開がなかなか起こらない。対立も曖昧に、論争も起こらず、曖昧なままおかれる。対立の表面化を嫌う国民性、本音と建前、表

注9
Jon Pierre. & B.Guy Peters, *Politicians, Bureaucrats and Administrative Reform*, Routledge, 2001

注10
ジェイン・ジェイコブズ、山形浩生訳『アメリカ大都市の死と生』鹿島出版会、２０１０年

注11
アンソニー・フロント、渡邉泰彦訳『ジェイコブズ対モーゼス―ニューヨーク都市計画をめぐる闘い』鹿島出版会、２０１１年

注12
ノーム・チョムスキー、鈴木主税訳『メディアコントロール―正義なき民主主義と国際社会』集英社新書、２００３年

と裏などの精神文化的背景、またはもともと主体がないというような捉え方もある。

西田幾多郎の「作られたものから作るものへ」は、そんな日本の精神風土を反映した、主体形成の理論として読み解くと、形而上的に観念から入るのではなく、実践の経験のなかで自ずと主体性が浮かび上がるというものかもしれない。じつは地域社会には、そんな個人が主体性を取り戻し、そして関係の網の目が再構築される場であることを、住総研住まい読本のシリーズ『新米自治会長奮闘記』は描いている(注13)。この著者の握千九答氏(ペンネーム)のように、企業定年退職後に地域デビューして、自治会長になってから、初めて地域の課題の多さ、大きさを知り、まさに悪戦苦闘するが、それがまた新たな人生の主体的創造行為として、言い換えれば生きがいともなり得ることを示唆する。

この対象地は、30年以上経過した新興住宅地であり、先の世田谷区の事例のように旧家の大地主層と多様な新住民の混在する既成住宅地と異なり、自治会という名称のごとく、自治を共有する下地がある。「こんなところに共助の火種」という副題が示すごとく、防災、高齢化、少子化、福祉、空き家対策など、そんな課題に、第一線で活躍していた専門家が退職後に自治活動に主体的に地域に生きる場を創造することができれば、それは新たなソーシャルキャピタルともなり得る可能性を示している。

「作られたものから作るものへ」は必ずしも、物理的なモノをつくるということを意味するのではないが、ベッドタウンという和製英語のごとく、住んでいる地域に関わりがなかった人たちが、新たに住んでいる場所に関係を構築していく主体的な住む行為が住宅から地域に広がることで、より豊かな居住地の形成になることを示している。

注13
悪千九答著、住総研編著『新米自治会長奮闘記』萌文社、2013年

環境共生と主体性

地球規模で考えて身近に実践という環境問題を考慮した住まいには、環境に関する知識のみならず、暮らし方として日常に溶け込ませる知恵と工夫がより求められてくる。

木下 勇

地球環境と主体性

地球温暖化による気候変動、生物種の絶滅を防ぐ生物多様性など、地球環境の危機は年々増大している。Think Globally, Act Locally（地球規模で考え、足元から行動を）というスローガンは、1992年のリオ・デ・ジャネイロで開催された地球環境サミットにて強く打ち出された。ローカルアジェンダ21という地域的な取り組みの課題も打ち出された。そのために、地域でも環境問題、環境教育に熱心に取り組む市民団体も増えてきたが、当初の盛り上がりが、薄れてきているようでもある。それは経済的低迷から、まずは何よりも景気回復が優先される空気というものが蔓延していることにもよろう。しかしながら、広がった市民運動と、専門家らの技術革新は、正面きってこの人類共通の課題に取り組んでいる希望の光を射していると信じたい。

環境問題、とりわけ温室効果ガス削減に向けて、地域レベル、住宅レベルでの取り組みとして環境家計簿づくりの運動が市民運動として、また自治体からの奨励として進められている。自治体のホームページにも記帳のファイルをダウンロードできるサービスを推進しているところも少なくない。事業所に普及する環境ＩＳＯの環境マネージメントで採用されている、ＰＤＣＡというＰｌａｎ（計画、目標値の設定）、Ｄｏ（実践）、Ｃｈｅｃｋ（チェック、評価）、Ａｃｔ（見直し）といったサイクルでまわしていけば、自ずとパフォーマンスが上がっていく仕組みである。その趣旨に賛同し、または地球環境問題への意識から、意欲をもって行い始めたとしても、家庭の家計簿と同じく、これは日頃の生活行為として日常化しないと、なかなか根付かず、３日坊主で終わるという羽目にもなりかねない。

地球環境問題に対する取り組みには、まずは自分たちの生活がどのぐらい地球環境問題と関わっているか、認識レベル面での意識化して取り組む主体を増やしていくことが必要である。併せて環境教育の取り組みが、とくにリオのサミットの10年後の２００２年のヨハネスブルグ・サミットを契機に国際的取り組みとなった。認識レベルでの主体の形成は重要であるが、それだけでは動きは生まれてこないであろう。たしかに運動のリーダーとなる人材の育成には、そのような強い意識が求められるであろうし、多くのリーダーはそういう強い意志を有している。環境教育でいう、気づき、認識、行動という段階設定では、最初の教育ばかりが強調されて、それでは普及するのであろうか、疑問な点も残る。この点は哲学における形而上批判の議論と重なる。理念が先行的に重視される西洋的思考ではなく、西田幾多郎の「作られるものから作るものへ」というごとく、形而下の実践の中で形而上の意識も芽生える、表裏一体のものとして捉える方がわが国における、主体形成として適しているのではないだろうか。

行動のエネルギーとなる、意志や根気は重要であるが、自分の慣習として、その行為自身が自己の発露となるぐらいに身体化することが必要なのだろう。環境家計簿をはじめ、地球環境を考え、住まいで実践する、取り組みは、誰もができるようなシンプルな仕組みに改良されてくることが必要であろう。

省エネ住宅の主体性

環境家計簿の実践ならば、家庭レベル、個人レベルで取り組める課題である。しかし、住まいを新しく、または改修して、省エネ住宅としたいとなると、個人のレベルを越えた、専門的技術の知識が求められてくる。

これら専門的技術はまた、これまでも専門と生活、専門家と生活者との、乖離の問題として、たびたび論じられてきた課題である。科学技術が発展すればするほど、また社会の仕組みが複雑になればなるほど、その乖離は大きくなる。

フーコーは知そのものが、権力と結びつき、民衆を支配する構図を批判的に述べた（注1）。

注1　M・フーコー、田村俶訳『監獄の誕生―監視と処罰』新潮社、1977年

内山節氏はフーコーを引用しながら、この専門的知の問題をデータによって権威づけられた客体によって、「私という主体」が「客体としての私」にすり替わることが気づかないうちに進行している（注2）と、指摘する。

東日本大震災は、地震予測、警戒警報、そして何よりも原発事故から、専門の権威も崩れ、この震災を契機に日本は変わらなければならないというかけ声があがった。それは専門分野の課題でもあったはずであるのだが、その反省を忘れたかのように、復興はじめあらゆる場面で専門的技術はその力で生活を支配する。

それは「作られたものから作るものへ」という主体性の逆向きの、受け身的、消費者にわれわれを落とし込める力ともなる。

住宅に関して、東日本大震災後の復興においで、どのように展開しているかをみると、ある自治体の復興の担当のカウンターにおかれていた、ある新聞社発行の住宅のカタログには次のような言葉が並ぶ。

和モダンの美しい佇まいに憩う家
光と風を感じるハワイアンリゾートのような住まい
魔法瓶のようにポカポカが続く低燃費の家
北海道の基準を大きく上回る断熱性能と夏の涼しさを追求した木の家
環境と未来に優しい「ゼロ」の暮らしを実現
世界水準の性能と品質を誇る□×△の住まい

注2
内山節＋21世紀社会デザインセンター『内山節のローカリズム原論』農文協、２０１２年

冬は暖かく、夏は爽やかな風を運ぶ
先人の知恵を現代に生かす先端の技術　微気候デザイン
クリーンでエコな暮らしを我慢せず、快適に実現する
自然エネルギーで心豊かに暮らす

このように、多くには断熱性を高めた省エネ住宅を謳っていることがわかる。しかしながら、完成予想の絵や写真は地域性を排除した、商品としての住宅。極めつけは「１００年経っても色あせない、伝統に培われた外観デザイン」と言いながら、外観は洋館風の住宅である。

住み手が、省エネ住宅を建てたい、または改修したいという場合に、住み手が簡単に相談できる場所が、たとえばホームページなどであるのだろうか？ スイスでは、「ミネルギー（Minergie）スタンダード」「ミネルギー＋《プラス》」という、基準が公開され、住み手がどのように環境に貢献する住宅を目指すか、費用と相談しながら考える手引きがある（注３）。また、バウ・ビオロギー（建築生物学）を進めるＮＧＯでは環境と健康の面から材料などを数値化した基準を公開して、居住者がどのような材料で住宅をつくるかの案内がある（注４）。

わが国もＣＡＳＢＥＥという建築環境総合性能評価システムがある。しかし、これは建築物の環境性能を評価し格付けすることを目的としたものであり、いわば専門家向けといえる。そのホームページも評価員養成を目的とした構成となっている。

国土交通省・経済産業省・環境省が合同で設置する「低炭素社会に向けた住まいと住まい

注３
http://www.minergie.ch/standard_minergie.html

注４
http://www.baubio.ch/de/infos/informationen.php

方推進会議」は、２０２０年までにすべての新築住宅・建築物を対象に省エネルギー基準への適合を義務付ける方針を打ち出している。地球環境問題の対策として、このように専門家主導で、基準で厳しく取り締めようとする方向は手っ取り早い方法かもしれないが、住み手は蚊帳の外におかれていることのような仕組みが形成されていくことに一抹の不安を感じざるを得ない。深尾精一氏は、２０１５年の元旦の新聞における「住まいの未来」と題された特集に、この省エネ基準義務化に対して「ただし、家は本来、住む人の生き方や価値観が大きく投影されるものです」と言い、既存住宅も含めた家を長期間活用するための仕組みづくりの必要性も指摘する（注５）。

小玉祐一郎氏は、欧州でも北欧の「遮断型」と南欧の「開放型」の違いがあるように、南北に長い日本列島のなかで、日本の気候にあわせたモード変換が可能なこの双方を両立する選択型の住宅を提案する。多くのパラメーターを制御する困難をパソコンが可能にして環境と応答するパッシブデザインである（注６）。

エコロジカルな住宅づくりの市民運動

省エネルギー基準を定める方向をここでは否定するものではないが、その形成プロセスに

注５
深尾精一「30年後の暮らしへの思いが省エネ住宅のあり方を決める」、朝日新聞、２０１５年１月１日広告特集「住まいの未来」

注６
小玉祐一郎「環境と応答する住宅」、住総研レポート２０１１『すまいろん 特集 核心に迫る「住まいのサステイナビリティ」』住総研、２０１１年、24〜28頁

は住み手も含めた、主体形成の過程が必要ではないだろうか。ドイツでは日本より先んじて、環境性能評価書がないと住宅の販売はできないという仕組みになっている。しかしこれらの政治的決定プロセスにはエコロジストの市民運動、専門家を交えた実験的な取り組み、自治体の先導的モデルなどの実践があった。

ドイツには、そんな市民運動、専門家、自治体の協働で環境共生住宅地づくりに取り組む例が少なくない。理由の一つには、ドイツで伝統的にも協同組合方式の集合住宅（地）づくりが普及している点があろう。

またドイツでは補完性の原理という、小さな団体でもその能力を尊重し、できないことを大きな団体が補完する原理が浸透している。

フライブルグはドイツ内でも環境に対する市民活動が活発な都市である。その一画のヴォーバン地区は元フランス軍の駐留地の跡地38ヘクタールに開発された新しい住宅地である。ＥＵの開発資金が注がれた巨大プロジェクトの開発企画が公募されて、「車を持たない」をコンセプトで提案したＮＰＯの案が採用された。エコロジストなどが集まって、にわか結成したＮＰＯの案が採用される点もわが国の仕組みではなかなかあり得ないことである。「環境にやさしい」「子ども・家族にやさしい」「職住近接」「強い近隣」などを方針に開発された。５０００人の居住者、６００の職場を生み出すことを目的に１９９３年に計画され、２００６年に路面電車が引き込まれて完成した。ソーラーパネルが屋上に並び、中庭はベランダの上下をブドウなどの蔓性の植物が覆う。上の階で実をつけたブドウは上の階の人が食べ、上下のコミュニケーションともなる。この住宅地のマネージメントもNPOヴォーバン（Vauban）が行う（図1）（注6）。

ドイツでは、このようにプロジェクトをリードしたり、コンサルタントを行う中間組織が発達している。それは専門分野と住み手をつなぎ、主体的な住まいづくりを進める触媒的な役割を担っている。

ミュンヘンにおいて持続可能な集合住宅づくりに、1973年から40年以上取り組んでいるUrbanes Wohnen e.V.(eingetragener Verein登録協会・社団法人）というNPOは、オリンピックパークの南側に位置する、軍隊の兵舎の跡地の開発を提案してきた。その努力が実り、1998年にミュンヘン市は、この跡地の開発についての都市計画とランドスケープのアイデアコンペを実施した。残念ながら、この組織は1等にはならなかったが（建築家Christian Vogelとランドスケープ・アーキテクトのRita Lex-Kerfersが1等）、以降もずっとこの開発に重要な役割を担ってきた。この元軍の兵舎の地区は、現在ではAckermannbogenという太陽熱の地域連暖房システムを取り入れた、人口4000人、2250世帯の環境にやさしい、子どもにやさしい持続可能な集合住宅団地として知られる。

Urbanes Wohnen e.Vは、組合方式での建設主体の形成や後々の運営への居住者の関わり、また緑地、オープンスペース、公共空間の活用や改善に市民の参加を促進するソフト面の活動も担っている（注7）。例えば、プロジェクトデイと称したイベントは、さまざまな提案のパネル展示や、市民参加のワークショップ、

図1．ヴォーバン地区の住宅地の道路は子どもが遊べる「遊び道路」

注6
http://www.vauban.de/en/

注7
http://www.urbanes-wohnen.de/typo3/uw/index.php?id=850

フォーラムを開催したり、情報誌を発行したり、このような中間支援的な役割が、市民の主体的関わりの触媒となっていることが十分に窺える。

なお、このAckermannbogenにおいて、彼らのプロジェクトで建設されたWagnisというコレクティブハウスは、1階部分に会議室、カフェ、そして大きな吹抜け空間、さらには屋上庭園と共用部分が大きくとられている。またさらに、地下には基準でどうしても地下駐車場を設置しなければ建設許可が下りなかったが、居住者は車をもたないので、建設後に地下駐車場を改修して、スタジオやホール、それから青少年のクラブなどとした。この部分や1階のカフェ、会議室などの共用部分は棟の共有持ち分の権利を有す居住者のみではなく、地区全体の居住者に開かれている(図2)。権利者にその不満はないかと聞くと、それによってこの地域が安全で住みよくなれば、自分たちにとってもよいことだと答えが返ってきた。

図2. WAGNISコレクティグハウスの1階部分で開かれる蚤の市

出典:Bayerisches Staatsministerium für Arbeit und Sozialordnung, Familie und Frauen, Urbanes Wohnen e.V. München, Wohnprojekt-Atlas 2008

一人の女性から始まった環境共生住宅地づくり

オランダのクーレンボリ市にあるEva Lanxmeerという住宅地は、農的な環境とあわせた特徴的な住宅地である。オランダと言えば、温室栽培が農村で盛んであるが、そんな温室が棟の間のコモンスペースともなり、また1階部分の庭を有す家庭には鶏を飼う家もあり（図3）、コミュニティガーデン、ピザ窯もあるコモンスペース（図4）、いたるところに食べられる実のなる木が配されたエディブルランドスケープ（食べられる景観）と、まさに農村的な豊かな食の環境と高密度の都市的環境がミックスされた住宅地である。また老人ホームも併設してあり、そこはバラをはじめ、さまざまな花や果実で満たされた花園のような雰囲気で満たされている。ときおり、この茂る緑の管理をしている人たちに会う。10代の少年も剪定作業に従事している。散歩に歩く人にも会う。老人ホームから出てきた集団に挨拶のついでに「すばらしい住宅地ですね」と言ったら、自慢気に「そうだろう」という答えが返ってきた。「いったいどのようにこんなユニークな住宅地ができたのですか？」と聞くと「マリリーンに聞け」と言う。たしかに何人かに会うたびに「マリリーンに聞け」と答えが返ってくる。そして、そのマリリーン宅を訪ねた。

じつは、この住宅地は一人の女性、マリリーンの発想で始まった。始まりは彼女がエコビレッジの世界的リーダー、ドイツのマルグリット・ケネディ女史（当時ハノーバー大学教授）の講演を聞いて、感動し、そんなエコビレッジをつくりたいというのが動機であった。建設も農業も技術的なことには、まったく素人の彼女ではあったが、まずは専門を学ぼうとデルフト工科大学に聴講に出かけ、必要な専門の教授たちに相談しながら、次第にそれらの教授たちから技術的な支援を受けるようになってきて、プランが具体化してきた。そのアイデアは農家とともにエネルギーや食も自給する新しい住宅地である。

図3．鶏を庭に飼う集合住宅

図4．EVA Lanxmeer

彼女は、そのようにして理想的な住宅地のアイデアと技術的な方法を提示して、インターネットで希望者を募った。そうしたところ、数百人の希望者（世帯）がまたたく間に集まった。この反響にクーレンボリ市が土地の提供を申し出、国もエコロジカルな都市づくりのプログラムからの補助事業を提供して実現に至った。住宅地の隣の農家は、当初はバイオマスエネルギーの供給基地となるはずであったものの、それはまだ実現できておらず、いわばシティファームとして住民の憩の場となっている。

わが国ではエコビレッジというと、何か特殊な思想の集団が住む住宅地のように構えてしまうところがないだろうか。この例のように一人の女性の発想に協力する専門家や自治体、国などが出てくるであろうか。そのあたりにも主体的な住宅づくりのための専門家、行政の協働という住まいの主体性の課題が浮かび上がってくる。

ケーススタディ 4

家族と住まいの変容『マイホーム神話の臨界』

住総研シンポジウム
山本理奈氏発表より

Case Study

住宅社会学の可能性を試みる山本理奈氏は、高度経済成長期以降の日本社会の変化から、家族と住まいの変容を読み解く。家族社会学の分野では、家族の変容について豊富な分析がされる一方で、住まいの変容についての分析は限定的で、とくに１９９０年代ごろからは、ｎＬＤＫ型を問題視し、家族の変容に合わせて住まいも変わるべきだという主張が主流であったという。しかし山本氏は、間取りだけではなくモノの配置や身体感覚に着目することを通して、社会の変化とともに住まいも変容してきたと指摘する。そこから「マイホーム神話の臨界」を見い出し、これからの家族と住まいのゆくえについて分析した。

家族の変容

まず山本氏は、家族の変容を世帯構成の変化から説明している。一般世帯の家族類型別の割合を１９７５〜２０２５年のあいだで確認していくと、「夫婦と子どもからなる世帯」は、１９７５年の時点で42・5％ともっとも多いのに対し、団塊世代が後期高齢者（75歳）を迎える２０２５年には、25％まで低下していくと推計されている。これに対して単身世帯は、１９７５年の時点で19・5％であったものが、２０２５年には35・6％まで上昇すると推計されている。つまり、私たちが一般的にイメージする夫婦と子どもからなる家族はすでに減少傾向にある。

しかし、わが国ではいまだに、「夫婦＋子ども2人」からなる世帯を標準世帯と呼び、これに準じてさまざまな制度が定められている。実際に、夫婦と子どもからなる世帯がもっとも多かった1975年をみても、子どもが2人という世帯は児童のいる世帯全体の24・6％にすぎず、さらに2010年の時点では10％程度にまで減少している。加えて、この数値には祖父母と同居する家族や、ひとり親（母親あるいは父親）世帯など、ほかの類型の世帯が含まれることを考えると、現状で標準世帯は10％未満と推測される。以上からも明らかなように、わが国の世帯構成は2005年ごろを転換期として、夫婦と子どもからなる世帯から単身世帯を主流とする時代へと向かっている。さらに、2010年以降、65歳未満のひとり暮らしは漸減するのに対し、65歳以上は増えていく。これからの家族を考えるうえでは単身世帯のあり方が大きなポイントとなってくるのは明らかで、標準世帯に基づく施策を改めない限り、現状と政策は乖離せざるをえない。

住まいの変容

次に山本氏は、住まいの変容について、住宅の着工量と商品化の焦点の変化から説明している。「商品住宅（分譲住宅）」の着工量を調べると、戦後まもなくの1950年代は、着工量も非常に少なく、1960年代後半から急速に増加して10万戸を超えている。さらに1970年代以降は平均して30万戸の大量供給が持続するなど、経済の成長とともに推移してきたことがわかる。

そのうえで、社会の変化とともに、商品住宅を販売するためのアピールポイントがどのように変化してきたかをみていくと、戦後の高度経済成長期は単一規格指向であり、大衆消費社会の局面が住宅にもあらわれていたことがわかる。しかし低成長からバブル期に入ると、一転して住宅の多様化が重視されるようになり、販売のアピールポイントは、色や形などのデザインやブランドの違いにシフトしていくことになる。さらにバブル崩壊後の超成長期に入ると、身体感覚に基づいて住空間が再編されるようになり、アピールポイントは身体の快適性へとシフトしていく。

たとえば、キッチンカウンターの面材を選ぶときにも、ステンレスの冷たいイメージや御影石のあたたかいイメージといったように、消費者の身体感覚のレベルで感じられる差異が焦点化される。つまり、色や形、ブランドだけでは表現し得ない、触覚的なリアリティにポイントをおいて消費者に訴えかけていく戦略がとられるようになる。

加えて、消費者の好みに応じて身体の快適性を高める戦略もとられている。たとえば、オプションで床暖房やミストサウナを入れたり、開放感を求めて間取りをメニュープランへ変更したり、さらには間取りを自由に設計できるマンションまで登場している。つまり、現在は身体の快適性が求められ、感覚的イメージや消費者による選択の可能性＝可変的規格が重視される時代となっているのである。

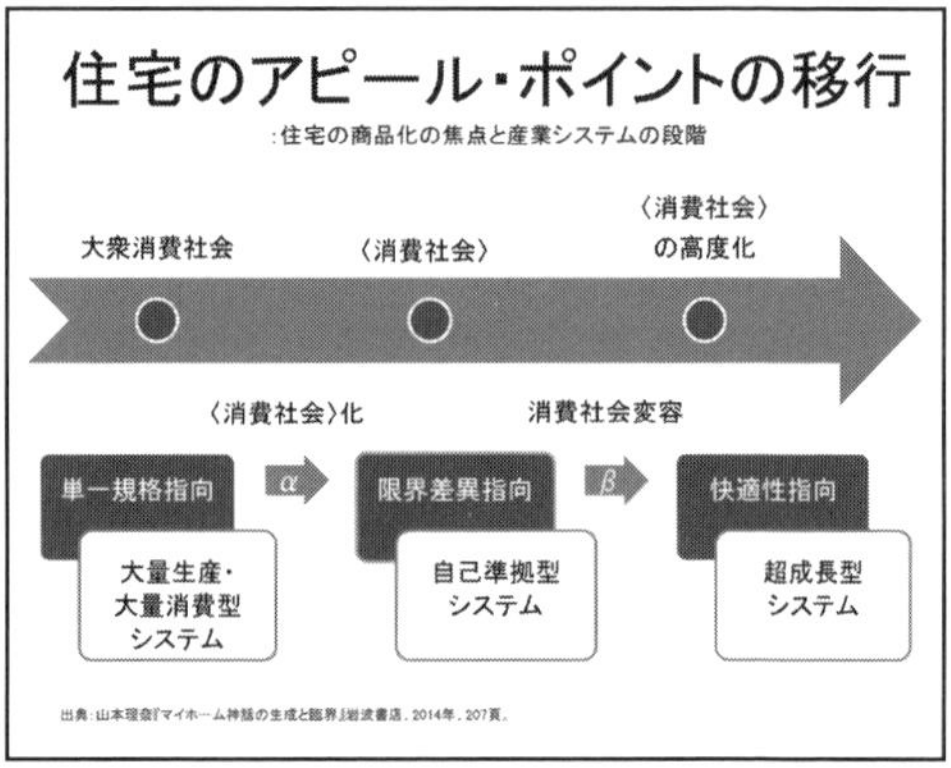

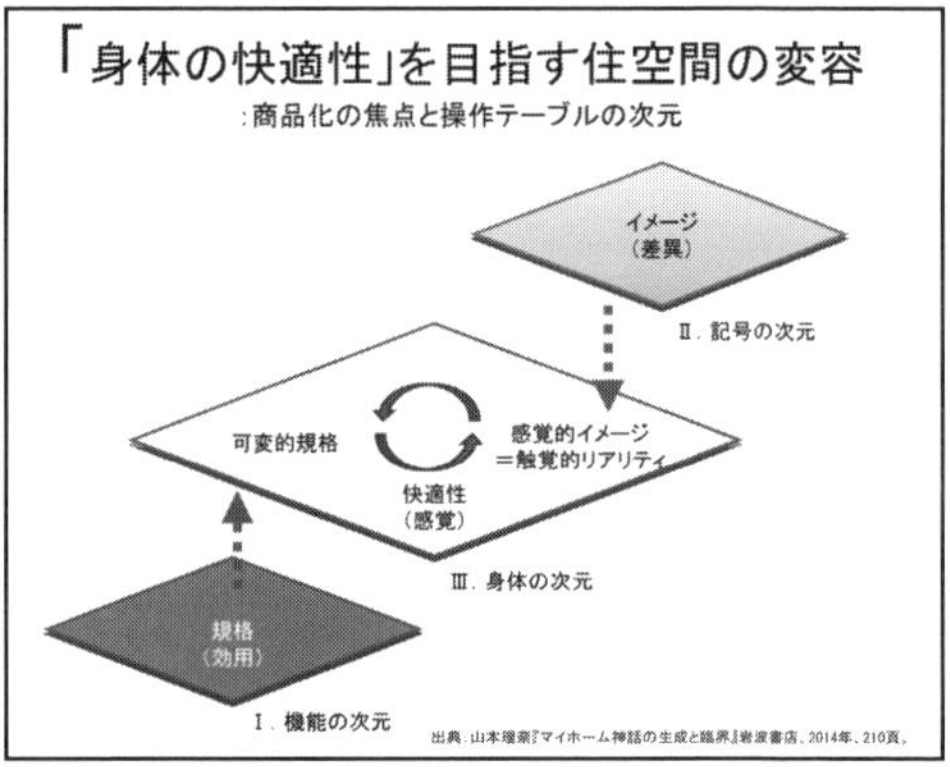

家族と住まいのゆくえ

最後に山本氏は、居住者像の変化に着目して、家族と住まいのゆくえについて説明している。１９７０年前後の転換期は、夫婦と子どもからなる世帯がもっとも多い世帯類型であった。そのため、生産・販売側は、住宅購入者のなかで核家族世帯をもっとも重要視していた。この時期の住宅広告のコピーをみると、あたかも家を買えば家庭の幸せも手に入るかのように訴える表現が多くみられる。たとえば、「かわいいお子さま　やさしいママ　幸せな家庭を築くパパ　信販コーポラスはこんなあなたのためにあるのです」(信販コーポラス／出典：『月刊　高層住宅』、１９６７年６月号より)といったような表現であり、こうした住宅購入と家庭の幸福を結びつける広告表現が神話作用となり、夫婦と子どもからなるマイホーム的な家族像が、この時期の典型的な居住者像となっていた。

これに対して１９９０年代前後の転換期以降は、核家族世帯が購買者層としての魅力を相対的に失い、変わって、単身世帯が購買者層としてクローズアップされていく。それと併行するように住宅広告の表現も、身体の快適性を焦点にしたものへとシフトしていく。たとえば、ファミリー向けの物件でも、「ホワイトオークの床材」「ウォールナットの建具」など、居住空間を構成するマテリアルな差異を印象づけるものや、「ぬくもりのある手触り」「やさしい質感」など、身体の感覚レベルで素材の差異を訴えかける広告表現が増えていく。こうした住宅購入と身体の快適性を結びつける広告表現の増大により、現在は、家族やＤＩＮＫＳのような特定の居住者ではなく、マテリアルな差異に敏感に反応するいわば身体が、新たな居住者像として浮かび上がってきている。

かつて人びとは、「家庭の幸福」を求めて住宅を購入するように水路づけられていた。しかし現在は、「身体の快適性」を求めるように訴えかけられている。社会の変化に伴い、家族と住まいも変容のときを迎えている。ひとり暮らしの時代へと移行するなかで、住宅と家族を結びつけるマイホーム神話は臨界へと向かい、住宅と身体を結びつける新たな快適性の神話が生まれつつある。

山本 理奈（日本学術振興会特別研究員ＰＤ、立教大学兼任講師）
１９７３年生まれ。専門は社会学（現代社会論、都市社会学、家族社会学）。東京大学にて『住宅の商品化と居住者像の変容』で博士（学術）取得。国立精神・神経センター流動研究員、日本学術振興会特別研究員ＲＰＤ、南オーストラリア大学客員研究員などを経て現職。

記録・住総研

Case Study

ケーススタディ
5

シェアハウスの次？

青豆ハウス

住総研シンポジウム
青木純氏発表より

２０１１年に家業の不動産を受け継いだ青木純氏は、賃貸住宅という本来無個性であるものに個性を埋め込んでいく方法で、築古賃貸物件を一躍入居者待ち多数の超人気物件へと押し上げた。

そして、２０１４年に新しくオープンした賃貸住宅「青豆ハウス」では、「賃貸の未来形」や「シェアハウスの次」ともいわれて、さらに注目を集めている。コンセプトは「育つ賃貸住宅」。これまでの賃貸住宅は、賃貸契約期間のあいだで消費していくという感覚が強い。それに対して「青豆ハウス」は、住めば住むほど豊かになるような、これまでの賃貸文化を逆向きに進めてみる試みである。

無個性の賃貸住宅を個性的に変える仕組み

青木氏が、祖父の代から続く家業の不動産管理会社を継ぎ、初めて受け継いだ物件が東池袋にある賃貸マンション「ロイヤルアネックス」だった。２０１１年当時築23年を経過していたこのマンションは無個性でおもしろみもなく、東日本大震災直後には空室率３割に迫る事態にまで陥り、手の打ちようがないと思っていたという。しかしあるとき、無個性のものでも、ここに個性を埋めていけばおもしろくなるのではないかと、ある方法を考えた。その方法とは、新規入居者に部屋の壁紙を選んでもらうというものだった。

賃貸住宅というと、量産型の味気ない白い壁が一般的である。新規入居者に壁紙を選んでもらって張り替えるだけで、無個性の空間が一気に個性に溢れるのではないかと考えた。もともと賃貸住宅は、入居者が入れ替わるたびに壁紙を張り替える程度の原状回復は必要となる。そのため、これがさほど難儀な話ではないという。入居者が決まるのを待って、入居者と一緒に壁紙を選ぶだけ。これが予想以上の反響を呼び、今では「行列のできる賃貸住宅」として一躍有名になった。

このようにして入居者は少しでも余白に関与すると、その部屋に愛着が湧いてくる。さらには、一人でも多くの人に見てもらいたいという気持ちになり、入居を考えている人を招いたり、住人同士でも行き来をしたりして、人が人を呼び始めたという。次第に入居者も壁紙だけでは事足りず、床も張り替える人や、壁材や床材を選ぶだけではつまらないと、住人自らが作業着を着て改装する人や、最近では模型やパースを描いてくる入居者まで現れ始めたという。余白のなかった賃貸住宅に、少し余白をつくると、たくさん個性をもった人が集まり始めた。

このような状況を受けて、大家である青木氏は自身を「まちの採用担当」だという。一人いい人を採用すれば、次から次へと反応するように魅力的な人が集まる。今ではマン

上：青豆ハウス
下：ロイヤルアネックス

ションの屋上で屋上菜園をつくったり、ヨガスクールを開いてみたり、結婚式を開いたり、特別な仕掛けをしなくても、次第に住民自身がそこでどうやって暮らしたいかということを考え始めたと話す。

物語を共有し、育つ賃貸住宅をつくる

青木氏が、ロイヤルアネックスの次に試みたのは、練馬区に新築した賃貸共同住宅「青豆ハウス」（２０１４年３月竣工）である。これは、「育つ賃貸住宅」をコンセプトに、物語を紡ぎながら共有していくというもの。まだ、どういうものにするのか定まらないうちから、「こんな住宅をつくります」とイメージだけをフェイスブックに掲載して発信したところ、それだけでも10人以上が住みたいと手を挙げたという。ここでは不動産広告的な表現は一切避け、ブログ上で建築工程を逐一アップしながら、閲覧者と「こんな家が建てばいいな」という想いを共有することを重視した。すると、間取りの条件や値段など関係なく、そこでの豊かな暮しに感心を寄せた人たちが集まり、リアクションがどんどん豊かに育っていったという。

豊かに育った物語をもとに、次は体験を共有できるさまざまなイベントを仕掛けた。ご近所への挨拶も兼ねた夏の上棟式では、近所にチラシを配り、たくさん

上：青豆ハウス上棟式
下：みんなでピザを

の子どもたちを招待して餅まきを開催。浴衣をドレスコードにして、青豆ハウスオリジナルのうちわや、手ぬぐいをつくり、夏祭りのように演出し、「豆」にちなんだ料理をつくってまちの人をもてなした。こうして体験を共有すると、この共同住宅は近所からも歓迎されるようになる。また秋には、新米を炊いて食べる「まめむすびの会」も開いている。

この賃貸住宅には、竣工2か月前に8世帯の居住者が決まり、青木氏自身も住むことになった。内装工事の最後の仕上げとして、入居者が自分の部屋のキッチンの天板、タイルや壁紙、塗装の色などを選び、できる部分は自分たちで仕上げる。そして完成内覧会には「おひろ芽（め）マルシェ」という竣工記念会を開き、それぞれの部屋に住人の想いやイメージを掲げて作品展示のように各部屋を公開した。この会には、方々から1日約300人超が集まり、4日間で約750人以上の人がこの賃貸住宅を訪れたという。

青木氏は、「青豆ハウスはどんな住宅ですか？」と聞かれると「日本一手を振っている住宅です」と答えるという。住人同士の関係が近く、会釈では住まない距離感がそこにはあるからだ。「境界線をぼかす」ことをコンセプトに、中庭や、住戸同士の関係、まちとの関係をデザインしており、それが手を振る関係性の一因ともなっている。中庭のピザ窯でピザを焼いてふるまったり、週末限定で、ある部屋は子ども映画館になったり、ある部屋はバルになったり、住人同士が主体性を発揮して、この共同住宅の物語はますます成長しているという。

所有物とは違って、これまで主体的な行動を受け入れる余白がないと思われていた賃貸住宅。しかし、「住まいは人が主役、住み人を主体として建物を捉えると楽しいものになる」として、青木流理念で賃貸住宅文化に風穴を開けた。

青木 純（株式会社メゾン青樹 代表取締役）
1975年生まれ。不動産ポータルサイトの運営を経て、2011年1月に生まれ育った豊島区で祖父の代からの大家業「メゾン青樹」の代表に。ヒトを主役に賃貸住宅のあり方そのものをリノベーションするカスタマイズ賃貸のパイオニア。

記録・住総研

ケーススタディ
6

暫定の場の『ＩとＷｅ』仮設住宅に作られた場所とその行方

住総研シンポジウム
岩佐明彦氏発表より

２０１１年に起きた東日本大震災の被害によって建設された応急仮設住宅は、５万３千戸にのぼる。震災後４年目の今なお４万１千戸の仮設住宅が残り、わかっているだけでも、およそ８万９千人が居住を続けている（２０１４年９月現在）。さらに、民間事業者の賃貸住居を利用した「みなし仮設住宅」もこれと同程度あるとされており、いまだ多くの方が避難生活を余儀なくされている。

岩佐明彦氏はこうした仮設住宅に住む被災者を対象に、「仮設のトリセツ」による活動を展開している。「トリセツ」とは、「取り扱い説明書」の略で、仮設住宅の居住者自身が主体的に工夫したり、カスタマイズしたさまざまな事例を集めたアイデア集である。

新潟の中越地震、中越沖地震のノウハウをつなぐ

災害救助法に基づく「応急仮設住宅」とは、災害発生後に応急的に設置されるプレハブ住宅のことで、２年間という居住期間が定められている。しかし、近年の災害では、その想定期限を大きく超えて延長するケースが増えている。阪神大震災では最長で5年、中越地震も3年までそれぞれ期限を延長している。これと比べて、東日本大震災の場合は原発問題などもあり、さらに状況は複雑である。岩佐氏は、現存する仮

設住宅の数からみても、5年ではきかず、10年スパンの長期化になるのではないかと予測する。

このように避難生活が長期化する状況において、あくまでも「仮設」という位置づけのプレハブは、住み心地や性能の面で劣る。音の問題や隙間風、結露などの性能の問題、広さや間取りなどの生活の適応性がいずれも低く、さらに長期化のなかで仮設住宅そのものの老朽化も考えられる。こうした問題に対しては、国や自治体も特別な手の打ちようがないのが現状である。

上：5000戸の仮設住宅（中越地震）
下：仮設住宅での住みこなし例（東日本大震災）

岩佐氏は、多くの仮設住宅を訪れるなかで、こうした問題に対して、居住者自身が問題を解決している事例を調査した。現在までに１００以上の事例が「仮設のトリセツ」として集められている。ちょっとした飾り棚をつくって部屋を飾る工夫や、収納スペースを生み出す工夫、また、玄関を広くしたり、入り口の風除室を広くしてサンルームにするというような、かなり大掛かりなものまである。なかでも「仮設の達人」と称した項目には、オーバースペックともいえる職人芸を発揮した納まりや、ディテールにこだわったものなど、住み手腕自慢の事例が住民にはたいへん好評だという。

この活動のきっかけは、岩佐氏が勤務する大学がある新潟で、２００４年に発生した中越地震、２００７年の中越沖地震、それと前後して河川氾濫の水害など、短い間に新潟で災害の重なる時期にあった。この時に、学生と一緒に仮設住宅を巡りながら、住まい方を調査して回った研究調査が、この研究のベースとなっている。

東日本大震災は被害が甚大であるだけでなく、原発問題などで復興への途は険しい。地震発生当初から、被災地では非常にネガティブな情報が氾濫し、これまで以上に被災者は不安な状況に陥っていた。こうした状況を目の当たりにした岩佐氏は、少しでも住むことに積極的になれるように後押ししたいと感じたという。そのときに、中越地震での活動が役に立てば…、という想いで始めたのが「仮設のトリセツ」だった。

「仮設のトリセツ」は、当初ホームページ上で公開。しかし、それだけでは仮設住宅に住む人たちの手には届きにくいので、NPOの協力で冊子をつくって配布したり、ボランティアのカフェイベントと連携してワークショップを開催し、仮設住宅地内にアイデアを掲載して情報交換の場を開いたりした。このようにして、少しずつ新しいトリセツが集まり始め、当初は中越地震の事例がメインだった「仮設のトリセツ」も、今では東日本大震災のアイデア集へと成長しつつあるという。

上下：仮設住宅での住みこなし例2（東日本大震災）

つなぎの家ではなく回復の家へ

こうした仮設住宅の住みこなしは、仮設住宅の欠点を解決するだけではなく、入居者同士のコミュニケーションを誘発する。ネガティブな情報に敏感な避難生活者にとって、仮設住宅の住みこなしに関する情報交換は、老若男女問わず間口の広い話題になる。また、誰でも自分が見つけたよい方法があれば、それを誰かに教えたいと思うもので、場所さえ提供すれば、入居者同士で勝手に情報交換が始まっているという。

またもうひとつの効果として、「役割の発見」がある。東日本大震災では、漁業に従事した方の多くが仕事を失った。そうした方が仮設住宅の新しいコミュニティのなかで役割を見つけることもたいへん重要である。津波で職を失ってやることもなく仮設住宅で過ごしていた男性が、家の棚を自作したのがきっかけで、近所から同様の依頼が舞い込み始め、挙げ句は「棟梁」と呼ばれて仮設住宅普請を担うほど重宝されるケースもあるという。

過去にワークショップを行った仮設団地を再び訪れてみると、仮設住宅と仮設住宅のあいだにアーケードをつくったり、敷地内に家庭菜園をつくってみたり、3年間のなかで少しでも居住環境をよくしようと、非常にうまく住民の主体性が発揮されている地域もあるという。

岩佐氏は、こうして「仮設のトリセツ」をきっかけにうまく引き出された主体性を、次の本移住先でも発揮できるような計画が、これからは必要になると考えている。仮設住宅は、単なる「暫定的な住まいの場」として終わるのではなく、その後の暮らしの軸となる「回復のための家」となるべきだと話す。ここでつくられたコミュニティを、移住先にも埋め込むような試みや、回復のための機会を今の仮設住宅にどう埋め込んでいくかなど、それらの方法がこれからの大きな課題だという。

岩佐 明彦（新潟大学工学部建設学科准教授）
1970年 兵庫県明石市生まれ。2000年 東京大学大学院工学研究科博士課程修了。2003年から新潟大学工学部建設学科准教授。2013年 日本建築学会著作賞受賞ほか。著作に、『仮設のトリセツ』（主婦の友社）。

記録・住総研

第3章

住まいをつくる技能・制度・文化

ぼろぼろの老朽家屋で、誰からも建て直しを勧められたが、私と同じ歳の家を壊すには忍びないと頑張り、気長にこつこつと修繕改装して見事に生き返らせたのである。古い家というのは新しいピカピカの家にはない風情があるし、空間もゆったりして心身ともに寛げる。私もようやく終の棲家を見つけたのかもしれない。　　　──桐島洋子

出典：『住まいと私』財団法人住宅金融普及協会、2001年

住宅生産における「関係」の行方

かつてハブラーケンが批判したマスハウジングにおける住み手やコミュニティと住まいの関係、つまり「関係のない関係」は、今日の日本の住宅生産の仕組みのなかではもはやみられないように思えるが、多くの場合、顔の見えない決して豊かでない関係ではある。この状況を乗り越え、現代的に人と住まいの豊かな関係を創り出す方法について考える。

松村 秀一

ハブラーケンの「関係のない関係」

かつて人気のあった雑誌『都市住宅』。その1972年9月号で、今日の日本で「スケルトン／インフィル（ＳＩ）」あるいは「オープン・ビルディング」などと呼ばれる住宅供給方式の大元になる考え方を最初に提唱した建築家ニコラス・ジョン・ハブラーケン（Nicholas John Habraken）が大きく取り上げられた。１９６０年代初頭からハウジング分野において、独自の理論を展開してきたハブラーケンの思想を、日本で初めて本格的に紹介した特集号であった。私も学生時代バックナンバーを手に入れ、何度となく読み返したのを思い出す。

そのなかにハブラーケンの著作を訳した「ハウジング再考手ほどき」がある。14個のピストグラム（図1）を用い、人と住まいの関係を歴史的に振り返り、現代社会に定着しつつある新しい関係を批評し、今日のSIやオープン・ビルディングの基を成す画期的な関係のあり方を提案したその語り口は、今読んでも説得力と魅力に満ちている。

ハブラーケンは、まずこの論考を次のような文章からスタートする（図2）。

「ハウジングとは2つの作用領界のミーティング・ポイントである。その2つの領界からひとつの家が識別される。2つが合致する時、ひとつの家が生を得る」

2つの領界とは「個」と「コミュニティ」である。住まいについてのこの捉え方は、ハブラーケンの思想にとって決定的なものである。最終的には、この2つの領界にそれぞれ対応する形で、「ディタッチャブル・

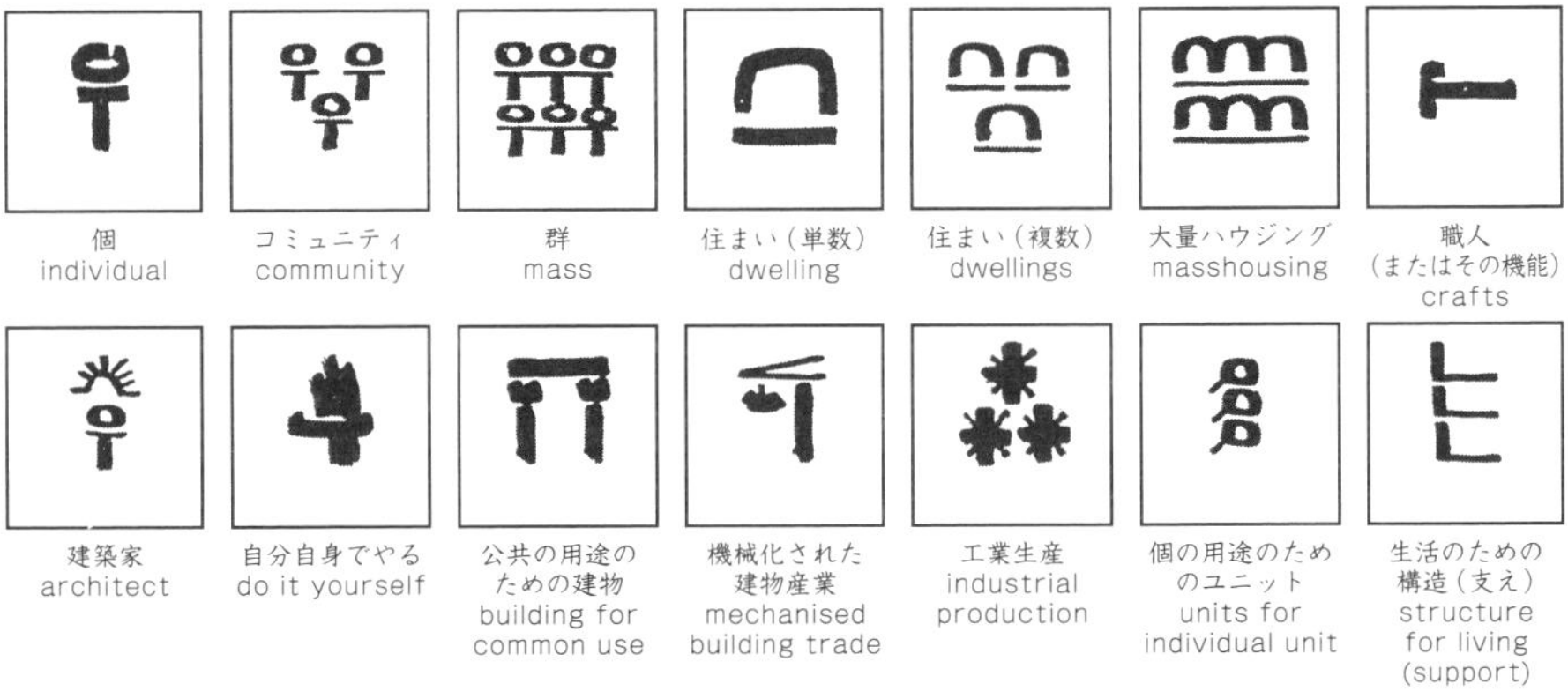

図1．ハブラーケンの「ハウジング再考手ほどき」に用いられた14個のピクトグラム

出典：『都市住宅』1972年9月号

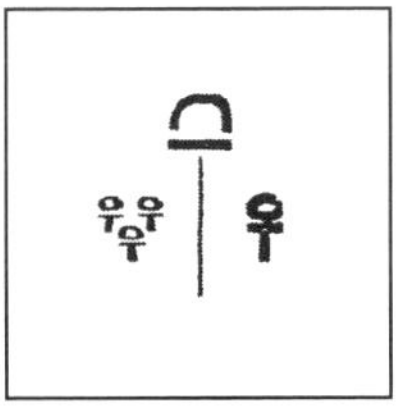

図2．「住まうということは両方の領界（個とコミュニティ）に起こる行為である」

出典：『都市住宅』1972年9月号

ユニット（のちにインフィルと呼ばれる）」と「サポート（日本では少し異なる意味で『スケルトン』と呼ばれる場合が多い）」の2つから構成するハウジングが提案されたのである。

論考は人と住まいの関係の歴史的な変化に関する部分に進む。ここでハブラーケンは歴史上7つの関係が現れたことを示す。簡略化すれば図3のようになる。人（個）あるいはコミュニティが自らの手で家を建てる関係から始まり、職人の手を借りて建てる関係、建築家が参加する関係が現れ、今日では7番目の関係（図3中の右下）が現れてしまったとする。ハブラーケンの新しいハウジング理論は、この7番目の関係を批判し乗り越えることをこそ目的としたものである。彼はこの現代的な人と住まいの関係について次のように記している。

「7番目型の関係は関係のない関係である。大量生産による建設のかたちには、前述したような人と家との関係はみられない。この7番目型のハウジングの特徴は、居住者が丸っきり参加しない事実にある。住まいが実際に生み出されるまでの決定のプロセスの間中、彼らは知られざる存在である。彼らは名もない民衆にすぎない」

この記述は、当時欧州の公共集合住宅分野を中心に広く行われていたマスハウジングを念頭においたものである。ハブラーケンの思想や理論を詳述することが本稿の目的ではないので、ここから結論ま

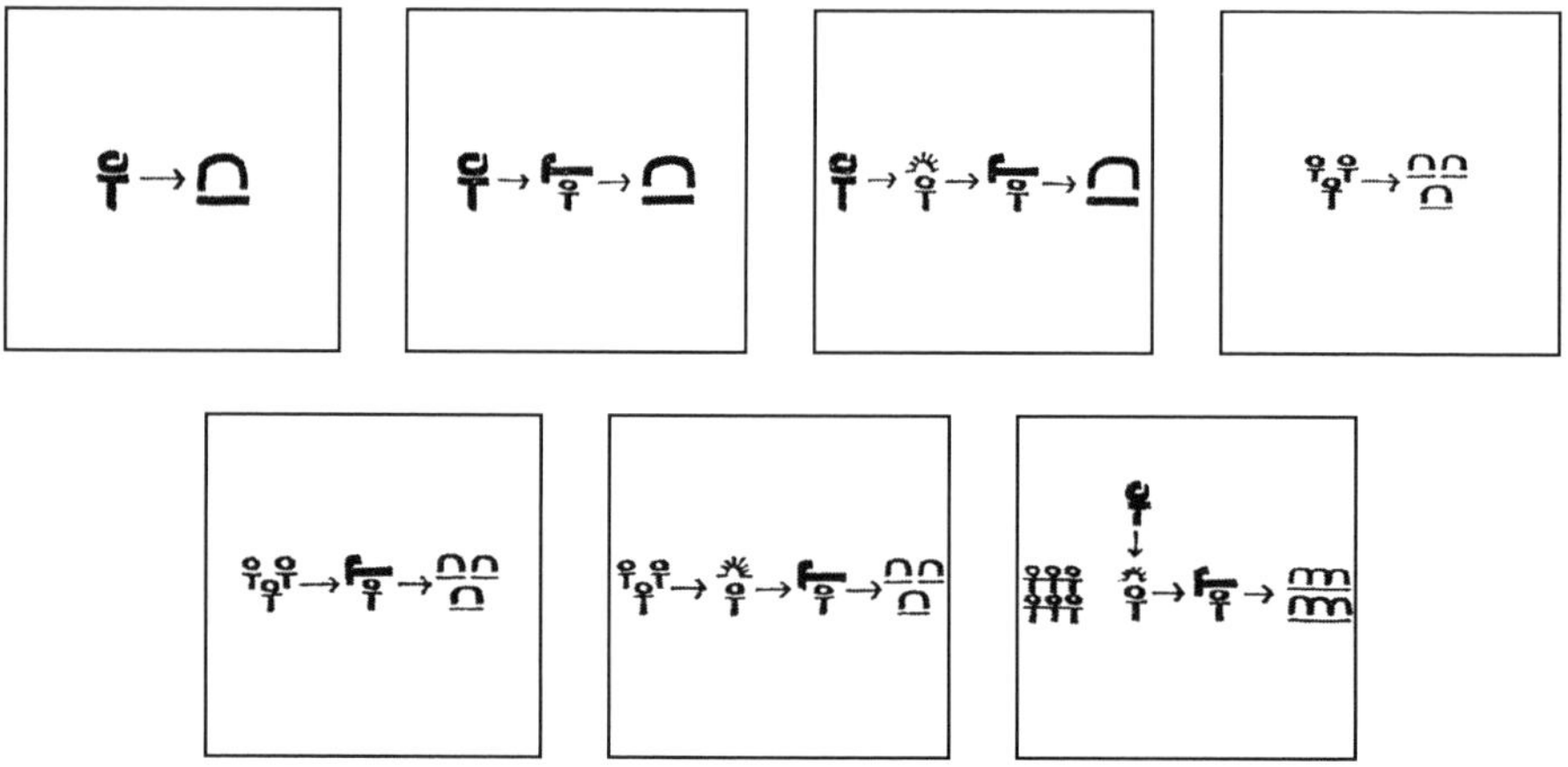

図3．ハブラーケンの整理した人と住まいの7つの関係

出典：『都市住宅』1972年9月号

での話は端折るが、最後に彼が提案したのが、個に対応するインフィルとコミュニティに対応するサポートとを生産供給上完全に分けるという方法である。インフィルとしては工業製品を主に想定し、居住者がそれぞれの好みに従って、自由に選択し組み合せて住戸内生活空間を構成する。サポートは、より公共性を帯びた部分、すなわち集合住宅の躯体やそれぞれの生活を支えるサービスとから成るとしている。そして、交通が、公共財としての道路と私有財としての自動車とが出会って初めて成立するように、住まいは公共的なサポートと私的なインフィルが出会うことで可能になると締め括っている。

カスタマイズという現代社会的な関係づくり

本稿で注目したいのは、住まいを関係として捉えるハブラーケンの考え方である。彼は現代の住宅生産に現れた「関係のない関係」をいわば不健全な関係として捉えたわけだが、マスハウジングという供給方式が少なくなった今日の日本の住宅生産においてはどうなのだろうか。

ハブラーケンは1980年代以降何度か日本を訪れている。その際、日本の戸建てプレハブ住宅の生産供給システムの完成度の高さに目を見張り、その後の著作でもそのことに触れている。日本の戸建てプレハブ住宅の多くは、各地の工務店による木造住宅と同様に注文住宅である。住み手の注文に応じて間取りや外装、内装はかなりの程度自由になる。しかもそれを構成する部品群は多くが工場生産による。さらに、１９９０年代以降は、工場においても今誰の家のどこの部品を製作しているかが明確に意識された邸別生産方式が採用されるようになり（図４）、その結果、ある企業では工場で出荷管理をしている部品の種類が数百万にも達するようになっていた。この、かなりの程度カスタマイズできるようになった工業生産とその成果を用いたハウジングのありようが、ハブラーケンの目には、自分が思い描いていたインフィルの具体例として映ったのであろう。

じつはこのありようは、今日の日本ではプレハブ住宅に限ったことではない。各地の工務店による木造住宅においても、内外装や設備には、プレハブ住宅と同じ程度に工業製品である部品が用いられているし（図５）、柱や梁などの木造軸組部分もほとんどの場合、全自動プレカット機械を備えた工場で邸別に加工されている（図６）。これ

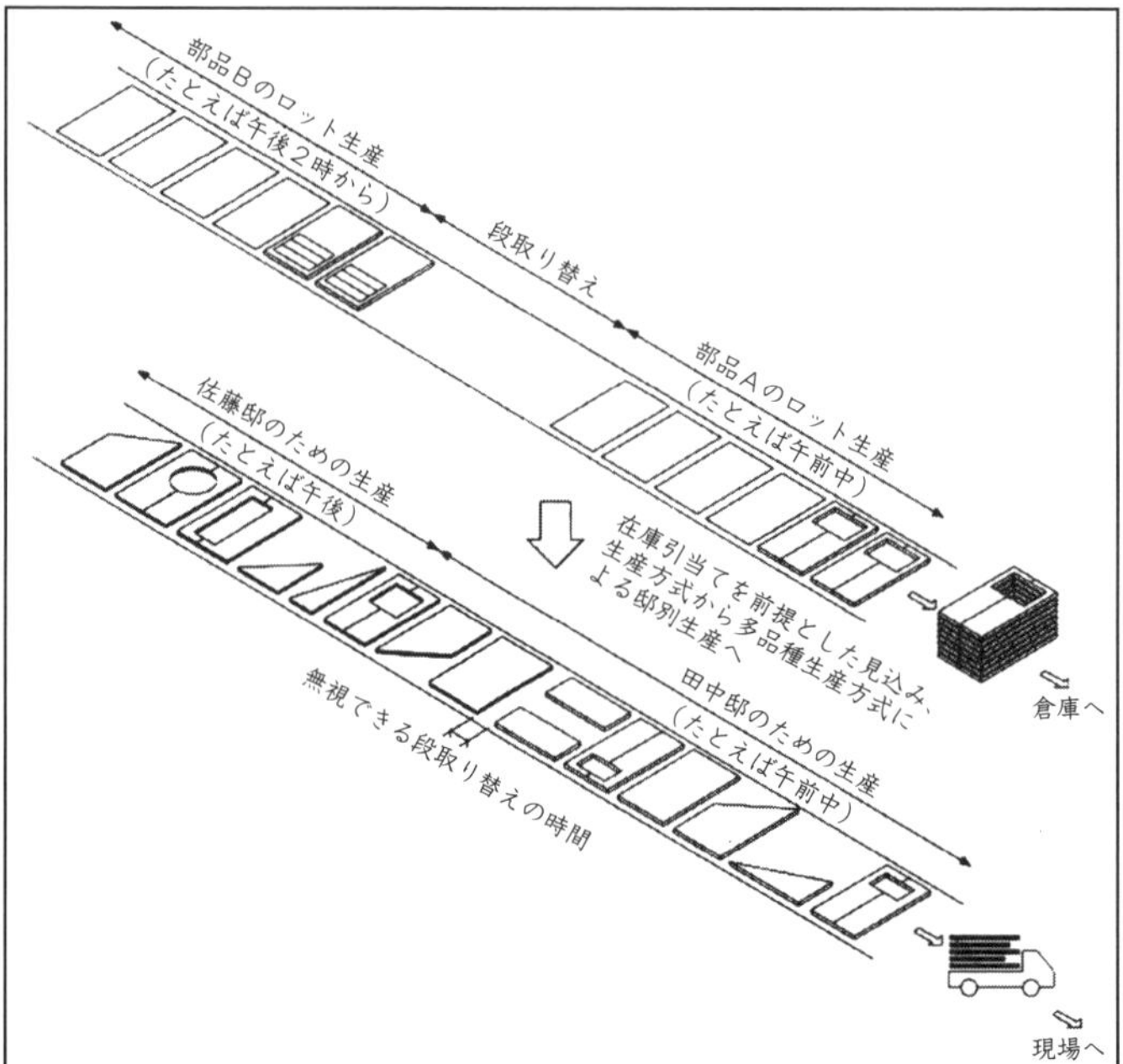

図４．1990年代には見られた邸別生産方式への移行
出典：松村秀一『「住宅ができる世界」のしくみ』彰国社、1998年

も工業化社会におけるカスタマイズという関係を実現している例といってよい。

確かにこうしたカスタマイズという関係は、住み手が参加し、選択と組み合せに大きな自由度をもつという点で、もはやハブラーケンが批判した「関係のない関係」ではない。しかし、工業化社会を前提にしても、もっと自由で豊かな関係はあり得るのではないか。少なくとも私のなかには、そういう疑問が生起する。端的に言えば、つくり手と住み手の双方が互いに顔の見えない関係、共有できる物語を紡ぎ得ない関係になっている現況に、ある種の貧しさを感じるのである。

プレハブ住宅にせよ住宅部品にせよ、それを開発、設計しているのがどういう人で、その人によってどのような意図でデザインされたのか、そしてどういう人たちがどのような心持ちでそれを製作したのかは、住み手にはわからない。逆も同じである。住み手には企業の名前しかわからないし、企業にとっては数多いる顧客の一人にすぎない。お互いに顔は見えない。ただ、住み手にとっては唯一顔の見えるつくり手側の構成員がいる。営業担当者である。

技術屋に属する私は、以前、物の生産に関わらない営業担当者

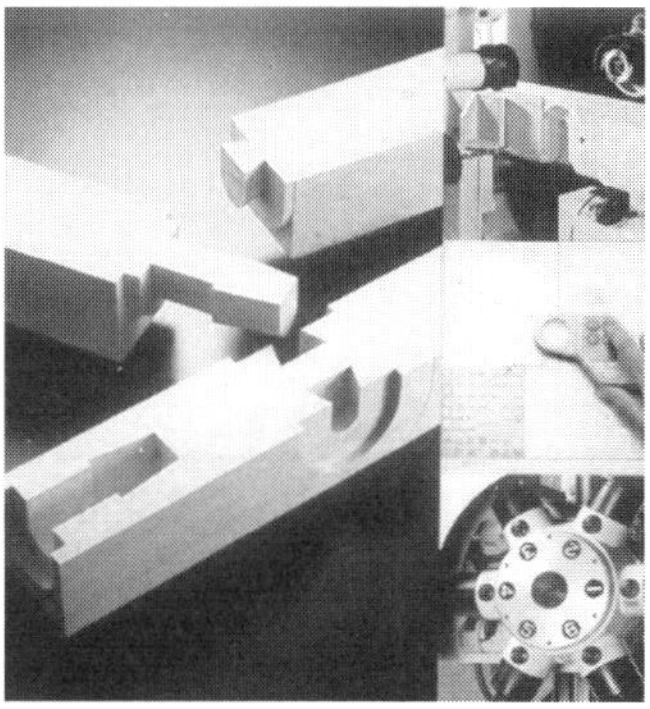

図6．全自動プレカット機械で加工された継手仕口

出典：松村秀一『「住宅ができる世界」のしくみ』彰国社、1998年

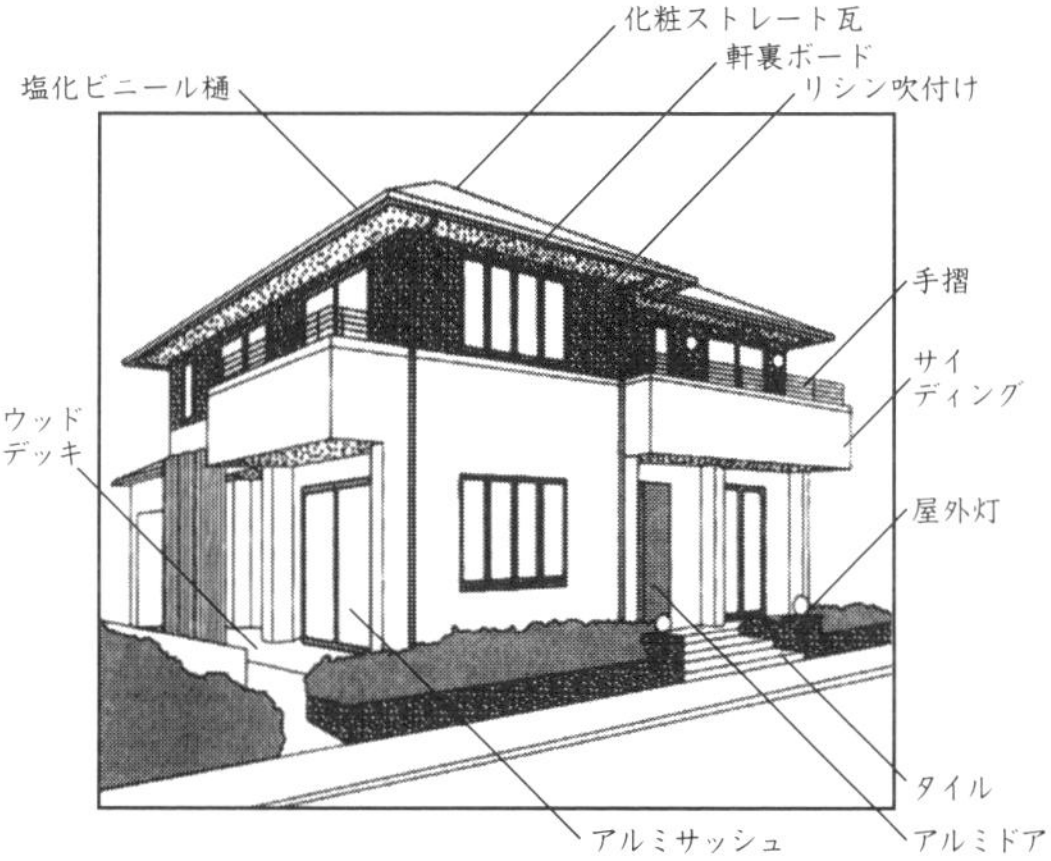

図5．およそ見えるところはすべて工業製品になった今日の典型的な木造住宅

出典：松村秀一『「住宅ができる世界」のしくみ』彰国社、1998年

に対して消極的な評価しか与えられずにいたが、営業担当者の方々の話を伺ってみると、それがじつにおもしろいことに気づかされた。ほかのどの部門の方からも聞けなかったリアルな住み手像や具体的な住まいづくりの経緯が次々と語られるのである。これは顔の見える関係にほかならない。このことは大きな工務店の営業担当者、小さな工務店や設計事務所の店主や所長にも当てはまることだと思う。

ただ、営業担当者の能力には個人差があるから、多くの営業担当者を抱える企業では、その能力のばらつきを抑えるようにいわば品質管理を実施する。細かな指導をまとめた各種のマニュアル類、薦められるプランや内外装デザインをパッケージした住宅商品。これらがその品質管理の手段である。このように中央組織によるコントロールが強くなれば、営業担当者が入ることによって成立し得た顔の見える関係は希薄になる。現代の住宅生産における営業担当者の生活実感に基づく編集能力に期待したいのだが、どちらかというと品質管理の及ぶ範囲と程度は増しているように思える。

新しい関係を支える人のあり方

世間に大勢いる営業担当者を、顔の見えるより豊かな関係を支える人として位置付け直すことの可能性は一考に値する。そこで、唐突に思えるかもしれないが、１９８０年代に石山修武氏が『「秋葉原」感覚で住宅を考える』（晶文社、１９８４年）で提示した住まいづくりの関係から話を始めたい。石山氏は自ら構想する新たな関係のことを次のように説明している。

「秋葉原に行けば、電気製品の部品は大方のものが安価に入手できる。その値段は売り手との自由な交渉によるから、買い手にもモノを買う技術と、さまざまな商品に関する情報を組み立てることが要求される。つまりモノを買うことを勉学しなければならない。私はこうした秋葉原的市場の形態こそが、将来の日本における住宅生産と流通の原型にならなければならないと考える」

工業化社会という島に一人で放り出されたロビンソン・クルーソーとでも呼び得る状態のなかで、自らの知識と発想力を駆使して入手できる資源を編集するという、いわば裸の人間像である。しかし、この工業化社会のなかの裸の人間像を一般化するのは難しい。住み手に相応の知識と編集能力を求めるからである。現代社会にない豊かな関係を築こうというのならそれくらいの覚悟が必要だということができるかもしれないが、現在の営業担当者にあたる人を、そうした関係を支える人として位置付け直せば、比較的容易に一般解に近付き得るだろう。

私は、位置付けを変えるうえで、営業担当者にあたる人の生活実感に基づく編集能力には多くを期待したいと考えている。そして、今そうした期待に沿った動きが出てきている。セルフリノベーションと呼ばれる動きである。

既存の建物に住み手自らが手を加え生活空間を整える行為をそう呼ぶのだが、これはそもそも住む行為と住まいづくりの不可分な関係を強調するスタイルであり、ハブラーケンが示した７つの関係の最初の関係に類似する。そして今、住み手によるその行為を支える人々が現れ始めている。たとえば、旧来の原状回復義務という賃借契約上の慣習を廃した「オーダーメイド賃貸」なる賃貸形式を編み出し、セルフリノベーションをデザイン面や施工面で支える専門家のサービスを加えたメゾン青樹（図7）をはじめとする新しい賃貸オーナーの人々。たとえば、リノベーション向き建材のセレクトショップをネット上で展開し、ＤＩＹの指南や職人による施工サービスなども付加する形で建材を販売するＲ不動産のtoolbox。これらは、住み手の知識と編集能力を補完し、手応えのある形で工業化部品の世界と付き合うことを、顔が見える形で可能にしているものとして積極的に評価できる事例である。

ハブラーケンは、日本のプレハブ住宅が到達したカスタマイズという関係に時代の可能性を感じたようだが、21世紀に入って10年を経過した今の日本では、住宅生産におけるより豊かな関係のあり方が始動している。楽しみにしてほしい。

図7．メゾン青樹の「オーダーメイド賃貸」の住戸例

写真提供：（株）メゾン青樹

住宅生産における技能者の自己実現について

前節「住宅生産における『関係』の行方」では、住み手の主体性に関わる事柄を考えたが、本稿ではつくり手、なかんずく技能者（職人）の主体性に関わる事柄を考える。技能者を現代の住まいづくりのなかに位置付け直すある種の編集行為が重要であり、また既存住宅のリノベーションなどにおいては新しい技能者の像や新しいチーム構成が求められている。

松村 秀一

「建物には興味がない」

1980年代末に、当時増加しつつあった中層鉄骨造建物の生産システムについて調査研究を進めていたことがある。設計施工を担当する地域の工務店に対する聞取り調査が主であったが、いくつか構造躯体の鉄骨を加工するファブリケーター（以下「ファブ」）にも聞取り調査を行った。大手のゼネコンや組織事務所が付き合っているファブとは業界内での格付けが異なるファブである。

その際に、若い私を驚かせるファブの発言があった。「あなたの加工した鉄骨が用いられた建物を完成後に見られることはありますか？」という問いに対して、あるファブの社長が次のように答えたのである。

「いいえ。完成した建物を見に行くことはありません。興味がありませんから」

建物に興味がないのに、建物の部分を製作することを業としているその感覚を理解することはできなかったが、それが現実だと知った。専門分化の進行とその定型化がもたらした現実である。

こうした専門分化の進行とその定型化の背景には、大量の新築需要が存在するという特殊状況下での生産性の向上、あるいは確保に対する要請があった。しかし、この「生産性」という概念はとても怪しい。なぜ「怪しい」などというのかといえば、それを評価する土俵の大きさやタイムスパンによってまったく異なる結果になり得るからである。

住宅に限らず建築生産の場合、個別の建設プロジェクトのコストが抑えどころなものだから、その生産性のみが過度に注目される。「建物には興味がない」とするサブコンや材料供給業者が存在するのは、自分の受け持ちだけをこなして、次々と異なるプロジェクトを渡っていくのが効率がよく、そういう分業のあり方が個々のプロジェクトのコストを最小に抑えるものとみなされていたからであろう。しかし、全体に関心を払わずとも成立し、結果的に誰のために何を製作しているのかわからない状態に陥った業界は、仕事の場としての魅力を相当程度減ずるに違いない。結果として、向上心や意欲のある若者がこの業界の門を叩くことは稀になり、長期的にみれば生産性は低下することになりかねない。事実、つくり手の世界で現在深刻な問題になっているのはこのこと、つまり向上心や意欲のある若者の入職が極端に少なくなっていることなのである。

行き場のない技能

もちろん、つくり手社会の存亡に関わるこのような事態の原因は、さまざまに考えられる。そもそも個別プロジェクトの生産性が他産業に比べて低く、そのことが技能者の経済的な待遇を望ましくないレベルにとどめていることも原因の一つであろう。危険できつい職場環境も原因の一つであるに違いない。ただ私には、それでもなお、やりがいがある仕事であるならば展望が開けるのではないかという思いがある。

「建物には関心がない」。自分が人生の過半の時間をかけるものの成果に関心をもてないような仕事のあり方は、とても健全なものとは言えない。しかも、そういう端的な表現ではないものの、自分の仕事と建物の全体とがうまく関係付いていないように思える技能者の状態は、そこここで、そして向上心や意欲のある技能者の場合においてすら、観察することができる。

よく経験するのは次のようなケースである。伝統的な職人技についてよく語り、実際自らそれをこなす鍛錬を積み、「最近の職人でこれができる人はもうほとんどいないでしょう」などと嘆き半分自慢半分で語る技能者。その技能者が最近手掛けたという物件に案内されると、がっかりするほど今風で普通の、お世辞にも趣味がよいとは言えないような住宅で、しかも当の技能者の方は、何恥じる風でもなく、むしろ自慢気に説明してくださる。「さっきまでの話はいったい何だったのですか？」と聞きたくなる気持ちを抑えてその場をやり過ごすのが、私としては精一杯というようなケースである。

技能は身体性と関係付けられ属人的なものであるがゆえに、その習得という活動には、技能者の自己実現の姿をみることができる。しかし、現実の住まいづくりのなかにそれを発揮する場面がほとんどないということ。そして、現実の住まいづくりの関係のなかに、技能者としての自己実現を位置付けることができないということ。この典型的なケースが物語るのはそういうことである。

では、このケースが代表する問題についてはどうすればよいのか。私は、そうした技能が評価される仕事を企て編集する者の存在が鍵を握ると考えている。そうした仕事の企てと編集に関して参考になると考えられる例がある。ここでは二つ挙げておきたい。一つは、２００２年12月に設立された東大阪宇宙開発協同組合（Astro Technology SOHLA）の例。この組合のホームページには以下のように書かれている（http://www.sohla.com/）。

「厳しい不況の中、『苦しい時こそ夢を持たなアカン！』と職人集団が立ち上がり、『中小企業の技術力を結集して人工衛星を打ち上げよう』と、東大阪宇宙開発協同組合（Astro Technology SOHLA）を設立しました。そして２００９年1月23日ＪＡＸＡのＨ－ⅡＡロケットの相乗りで種子島宇宙センターから人工衛星『まいど1号』が打ち上げられ、同年10月まで続いた計画したすべてのミッションが成功裡に終わり、国民２人に１人が『人工衛星まいど1号』の名を知るほどになりました」

もう一つの例は、アメリカの経済学者マイケル・J・ピオリとチャールズ・F・セーブルが『第二の産業分水嶺』(山之内靖訳、筑摩書房、１９９３年)で分析した北部イタリアの中小企業が集積する小都市群の例。アンコナの革靴製造、カッラーラの石材加工など、当時北部イタリア諸都市の産業競争力が高く評価されていたが、それらの都市には、世界中から特別な技能と技術を要する注文を取ってきて、分業化された専門業者によるチームをプロジェクトに合わせて編成すると同時に、若手の技能者の育成にも注力する多業種混在型組合があり、その存在が大きな意味をもっているとされていた。

多能工あるいは多能チームの可能性

ところで、「建物には興味がない」という言葉が象徴する分業の定型化の問題についてはどうだろうか。このことについて、私は、古くから唱えられてきた概念であるが、多能工あるいは多能チームへのアプローチが必要だと考えている。

今、日本の住まいづくりの世界は、新築からリノベーションへ、箱の産業から場の産業へという大きな転換期を迎えている。このことについては、近著で繰り返し述べたのでそちらに譲るが(『建築　新しい仕事のかたち—箱の産業から場の産業へ』彰国社、２０１３年／『場の産業　実践論』

彰国社、２０１４年／『２０２５年の建築　七つの予言』日経ＢＰ社、２０１４年）、そうした産業と市場の転換は、自ずと個別プロジェクトの生産性のあり方に見直しを迫る。新築向けに編成された生産体制のままでは、リノベーションの個別プロジェクトの生産性も悪くなるため、自ずと従来の分業の定型を崩し、技能者の世界を新しく編集し直す必要が生ずるものと考えられる。ちょっとした改修工事に10を超えるような職種が入らなくてはならないようでは、効率が悪すぎる。できれば一人の技能者、あるいは一つのチームであらゆる工事に対応してほしいということになる。時間的にも、コストの面でも、そうした多能工或いは多能チームの方が明らかに優位に立つ。

多能工や多能チームは、その受け持ち範囲の広さからも、また仕事の受け方からも、「建物には興味がない」などとはいっていられない。そのとき、技能工は現実の住まいづくりのなかに、自己実現の場を見い出しやすくなるだろう。だから、今すぐにでも取り組まねばならないのは、新たに必要となる技能を見定めることと、実際に複数の技能を習得する過程をデザインし実践することにほかならない。

住宅の近代化にみられる伝統的住文化の継承の足跡

わが国の住宅の近代化は、見方を変えれば伝統的住まいや生活スタイルからの脱却の過程でもあった。伝統的な床座の生活はもとより、開放的なつくりも批判された。だが、そうしたなかでも、伝統的生活の大切なものや善き慣習を取り込みながら、今日の住宅へと辿り着いたように思われる。伝統性がますます薄れていく昨今、そうした過程を改めて自覚する必要があるかもしれない。

内田 青蔵

はじめに

今日の住宅の傾向を知る簡単な方法のひとつに、ハウスメーカーの展示場見学やカタログの分析がある。ハウスメーカーの手掛けた住宅は、不特定多数の人々を対象としたものであり、また、建設数も確実に増え続け、まさに今日の住宅の主流を占めるようになったからである。とりあえず、カタログ掲載の間取りをみると、すぐ気づくことは畳敷きの和室が少ないことである。椅子座の普及による和室の減少は、当然ながら伝統的な座式による生活スタイルはもちろんのこと、和室にまつわる生活儀礼や開放性といった空間特性の喪失をも意味することは間違いない。いわば、近代化や合理化による住まいの変化は、一方で伝統的な住文化の喪失という新たな問題を派生させてきた。

わが国の住宅は、幕末以降の開国にともなう欧米文化の流入のなかで、その姿を大きく変えてきた。もっと簡潔に言えば、伝統的な和風住宅から洋風住宅へと建物の姿はもとより、内部の生活スタイルも変えてきたし、家族や住まいの捉え方なども様変わりしてきたといえる。たとえば図1をみてほしい。これは明治時代の台所、図2が大正時代のそれを描いたものである。働いている主婦の姿が和服であることは変わりがないが、近代的諸設備が導入され、作業は立動式へと変化していることがわかる。こうした洋風化あるいは近代化と称される現象は、住まいにおいても台所という労働の場や衛生面を重視する便所といった場、あるいは逆に家族生活にはほとんど関係ない応接室・書斎といった権威や時代性を示す表象的空間にいち早く導入されてきたといえる（図3）。

明治末期ごろになると、中流層を中心に欧米住宅をモデルに住宅の外観はもとより間取りや生活スタイルまで変えていこうとする動きが活発化し、アメリカから住宅そのものを輸入するといった事業も出現することになる。ただ、輸入といった直截的な欧米住宅直写の動きは、その後、気候・風土の違いといった観点や伝統的生活スタイルから脱し切れないという現実的観点か

図1.『素人料理年中惣菜の仕方 全』（1893年）

図2.『家庭洋食調理法 完』（1921年）

ら批判され始め、和風住宅と洋風住宅のよさを生かした住宅の模索という新たな段階へと進むことになる。

大正期になると、住宅を重視する建築家たちも登場し、独自の観点から和洋の混在した新しい住宅を提案することになる。建築家たちの試みは、言い換えれば、伝統的な住文化の継承すべき要素を抽出し、当時流行していた洋風住宅のなかに取り込んでいたといえる。その作業は、「洋風住宅の和風化」とでも呼んでもいいかもしれない。

ここでは、こうした洋風住宅の和風化の動きを紹介してみたい。筆者がこの伝統回帰ともいえる動きに、当時の建築家たちの主体的な文化継承の姿勢がみられると考えているからである。

在来工法の継承を提唱した建築家・山本拙郎の「真壁洋風住宅」の提案

大正・昭和初期に住宅界で活躍した建築家に山本拙郎《せつろう》がいた。大正期に一世を風靡《ふうび》した住宅専門会社「あめりか屋」の技師長、2代

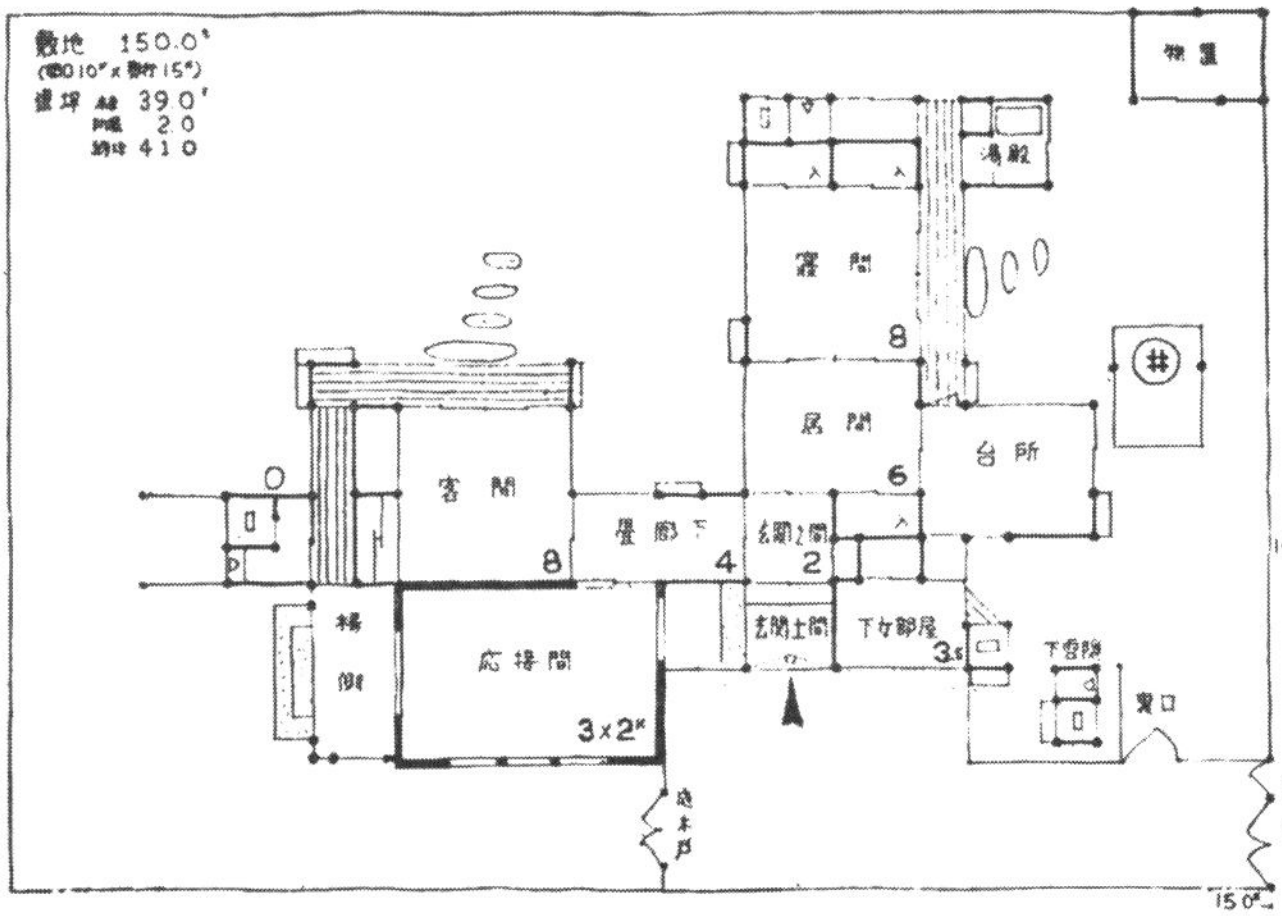

図３．伝統的住宅の玄関脇に洋室の応接間が設けられた事例。
出典：北田九一「和洋折衷住家」『建築雑誌』1898年

目社長として活躍した建築家である。彼の勤めた「あめりか屋」は、１９０９（明治42）年にアメリカから住宅を輸入するというユニークな事業をめざした会社であった。ただ、「あめりか屋」の安価で質の高い住宅を輸入して普及させるという当初の試みは、アメリカ住宅の原価は安くても運搬費用や輸入税などが加わるときわめて高価なものとなってしまうという現実のなかで中止となった。そして「あめりか屋」は、大正期になると、アメリカ住宅をモデルにしたアメリカ系洋風住宅の設計施工へと事業内容を変更した。山本は、１９１７（大正６）年の早稲田大学卒業後に、住宅設計を担う技師として「あめりか屋」に入店し、設計に従事した。

１９２１（大正10）年の自邸建設にあたって、山本はこれまでの「あめりか屋」で行ってきたアメリカ住宅をモデルとする洋風住宅の設計方法とは異なる独自の方法を試みた。すなわち、山本は、時代に適合する新しい住まいと生活の追究のなかで椅子座の生活スタイルの導入は積極的に進めるべきと考える一方、住宅の工法や空間構成に関しては伝統的工法や伝統的開口部の継承を主張していたのである。すなわち、当時の洋風住宅は、工法は柱などの部材が壁の内部に隠された大壁工法で、窓も縦長のプロポーションとなる上げ下げ窓や開き窓で、伝統的な柱の見える真壁工法や横長のプロポーションによる開口部とは大きく異なっていた。言い換えれば、洋室は、単に板張り仕上げで椅子を用いる生活スタイルの場であるだけではなく、工法や開口部の処理も伝統的形式のものとはまったく異なったものであったのである。

これに対し、山本は、日本の建築にみられる真壁工法は、日本の気候・風土に根差したものとして生まれてきたものであり、また、経済的にも洋風住宅に採用されている大壁工法より伝統的な真壁工法の方が工費も安くなるとして、生活スタイルとして椅子座を取り入れても、工法は伝統的工法による住宅－真壁洋風住宅－をめざすべきと考えていたのである。そして、実際、実験住宅として自邸の建設において自らの主張を実現したのである（図４）。こうした西洋直写から脱却し、わが国の伝統や住文化に合わせた住宅づくりは、大正・昭和初期の建築家の手掛けた住宅に散見することができる。まさに、自らの住文化の継承をめざしていたのである。

図４．山本邸外観。洋風住宅だが、開口部は伝統的な引違いによる横長の大きなものが採用されている。

出典：『住宅』1923年3月号、p.242

継承された住文化の足跡

浴室とトイレにみる伝統性

明治末期に刊行された住宅の間取り集などで紹介されている欧米住宅をみてみると、浴室とトイレを1つの部屋に配置している事例が多いことに気づく（図５）。どちらも水を使う場であり、給排水設備の効率性や利便性から一体的に設ける方が合理的と考えられているようだ。おそらく、明治以降の住宅の洋風化のなかで、こうした浴室とトイレの一体化がわが国でも奨励され、合理的と説かれてきたと考えられる。しかしながら、この形式は、今日の住宅にはほとんど普及していない。

われわれの今日の住まいのトイレは、確かに水洗の腰掛式という欧米型の椅子座スタイルのものが普及しているし、浴室もお湯に浸かる形式は変わらないもののバスタブの形状は横になる欧米型に近いものに変化している。だが、こうした欧米の影響を受けつつも、今日の住まいのトイレと浴室はそれぞれ独立した空間に設けられることが圧倒的に多い。このことからトイレと浴室の独立配置は、洋風化のなかで生き残ってきた伝統的な住文化を示すひとつの事例といえるように思う。すなわち、わが国のお風呂は単に身体の汚れを洗い流す場だけではなく、疲れを癒し、また、お湯に浸かることを楽しむ場でもある。まさに娯楽性を内在させた場であり、独自のお風呂文化なるものがある。こうした根強い独自の伝統性が重視され、今日でも浴室はトイレとは一体化されずにあるように思うのである。

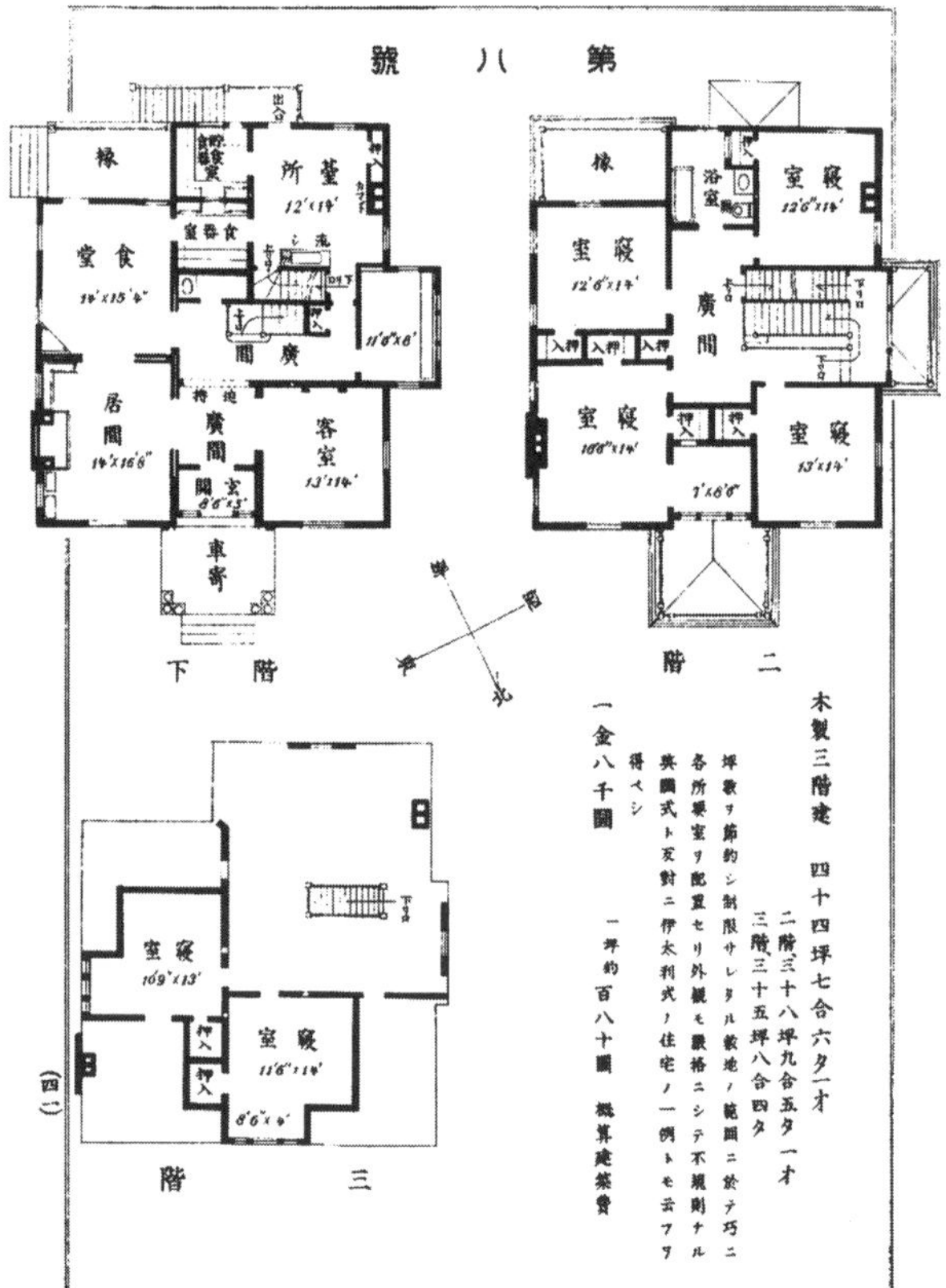

図５．２階の「浴室」には、洋風便器が置かれ「厠」の記述がある

出典：『和洋住宅間取実例図集』1907年、p.41

玄関にみる伝統性

欧米直写の住宅（「洋館」）とわが国の伝統的住宅（「和館」）の違いのひとつに、室内に入る際の履物の着脱の有無がある。一般に、欧米では室内に入るときに履物は脱がないが、わが国ではかならず履物を脱ぐ。そのため、履物の着脱の場として、住宅内部に玄関土間が設けられている。かつては、この土間は半屋外の場であったが、やがて引き戸で仕切られ、室内土間となったと考えられる。また、欧米の玄関部の建具は、ドア（開き戸）であり、建具形式も異なる。このドアは、建物の内部側に開く内開きが一般的形式である（図６）。

生活スタイルの違いは、この玄関の違いとしても確認され、欧米直写の洋館がわが国に建設された当初は、欧米人同様に履物を履いたままで使用していた事例もあったようだ。だが、やがて、慣れ親しんできた伝統的な和風住宅と同様に履物を脱いで使用するものが現れ、次第に洋館であっても履物を脱いで使用する形式へと変化し始めた。そして、それと軌を一にするように玄関部の内部に履物の着脱のための土間を設ける事例が増えてきた。こうした現象が、洋館の普及のなかで静かにしかし確実に進んでいったようである。

玄関内部に土間が設けられると、ふたたび次の変化が現れた。ドアとい

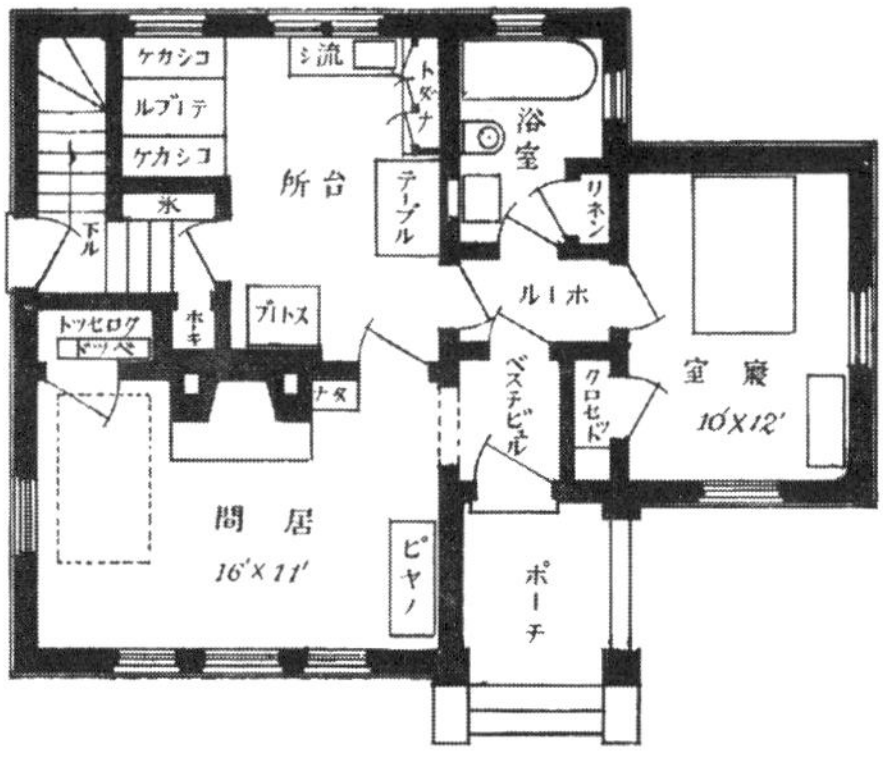

図６．内開きの玄関ドアのある住宅例

出典：遠藤於菟『西洋住宅百図』1926年

う西洋風の建具を用いつつも、その開閉の方法が変化したのである。すなわち、欧米住宅の建具は、基本的には内開きが一般的方法である。とりわけ玄関のドアは、人を招き入れるための装置であり、内部に人を招き入れるかのように内開きとする。そもそも、外開きだと、ドアを開けた際に訪ねて来た客にドアがぶつかる危険性があるし、また、閉めていたドアを一方的に開けられてしまう危険性もある。内開きなら、ドアの前に家具でもおけば、勝手に押し入れられる危険性を防ぐことができる。そんな理由もあって、ドアは内開きが主流だった。こうした内開きは、わが国では大正期になるとドアを外開きとする事例が散見されるように変化がみられる。

　家族本位の考え方を具体化した最初の事例として知られる1922（大正11）年の東京平和記念博覧会で新しい住宅モデルとして展示された生活改善同盟会の作品は、玄関も室内に土間を設け、玄関ドアは外開きとなっている（図7）。この玄関は、一見すると洋風のドアのようだが、伝統的な使い方に適合するように外開きへと改変させられていたのである。やや大げさに言えば、洋風の和風化を示

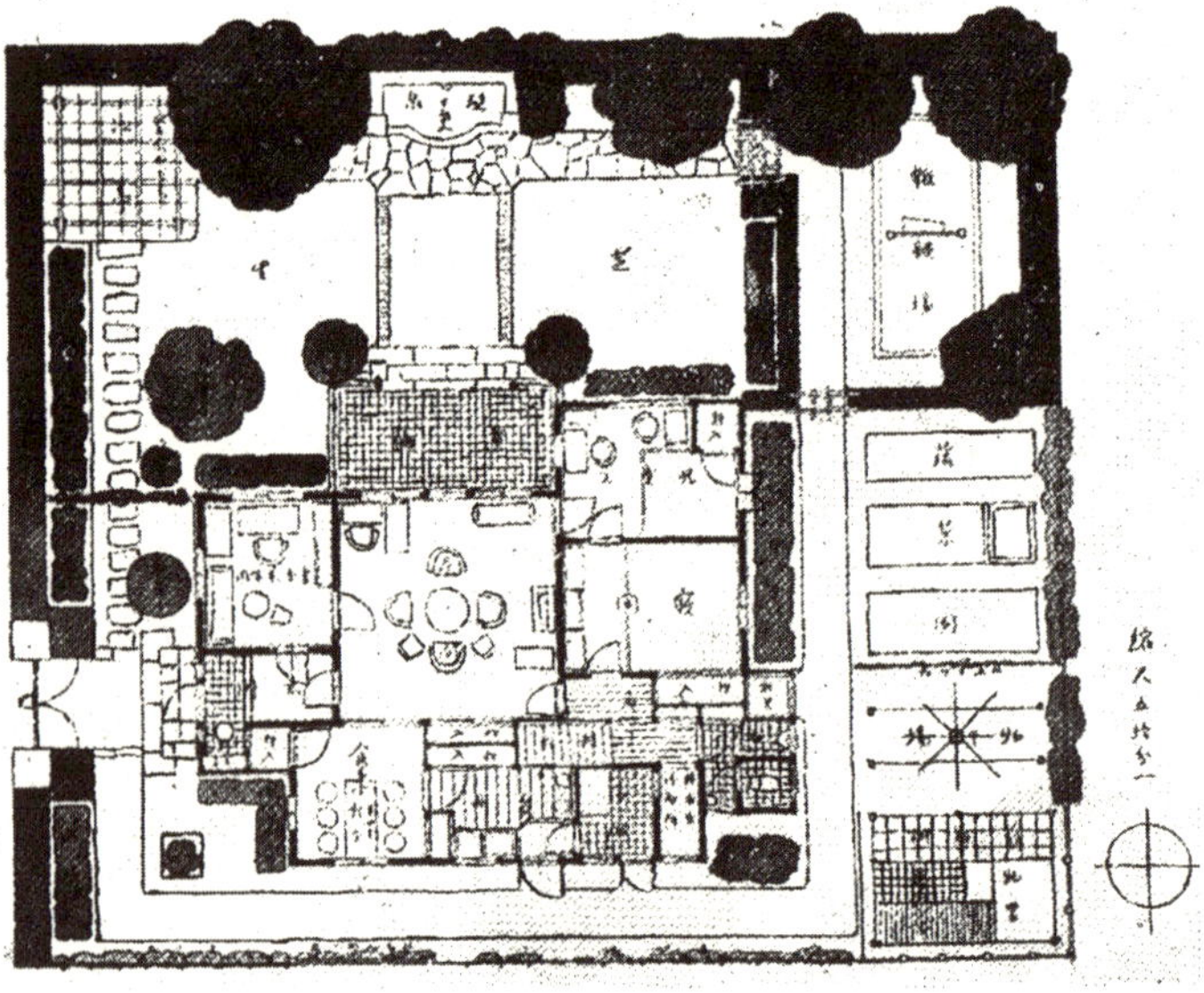

図7．生活改善同盟会の出品作品平面図

出典：『平和博出品　文化村住宅設計図説』1922年

す事例なのである。

ドアの外開き化の理由は、狭い玄関土間ではドアが履物にぶつかり、開閉に支障をきたすこと、また、雨が多いわが国では玄関ドアも雨で濡れてしまい、濡れたドアを内側に開くとしずくが土間に落ちて汚してしまうことなどが挙げられる。こうした問題を解決するため、ドアを外開きにしたのである。玄関は、お客を迎える大切な場であったが、大正期の生活改善運動では住宅を接客本位から家族本位へ移行させることが強く主張されていた。こうした接客軽視の考え方も、家父長制を象徴する玄関の姿を立派で大きなものから簡素で小さなものへと変化させる力となったに違いない。

いずれにせよ、こうした玄関部の改変に象徴されるように欧米の住宅をモデルとした新しい住宅は、仔細にみれば、わが国の伝統に適合するかのように―和風化―されてきたともいえ、伝統的な住文化が姿を変えつつも継承されてきたともいえる。ただ、こうした住文化の継承は、みえにくく、また、ますますその意識の希薄化が認められるのは否めない。そのためにも、近代化・合理化のなかで継承されてきた住文化の意味を確認することを通して、われわれ自身の生活を再考することが求められているように思われる。

借家から持ち家への動きと主体性

わが国の都市を中心とした住まいの所有形態は、戦前期の借家から戦後は持ち家へと大きく変わった。こうした変化のなかで住まいそのものの意味も大きく変わってきた。住まいを持つことは、住まいに自らが主体的にかかわることの始まりでもあったのではないか。

内田 青蔵

はじめに

住宅の形態と主体性の関係について、一言述べてみたいと思う。ただ、住宅の形態といっても多様で一言では語れない。いわゆる戸建てとアパートやマンションなどの集合住宅という違い、建設場所による都心型の住宅と田舎型の住宅、あるいは、その求められる機能から専用住宅と併用住宅といった違いもある。さらには最近では、住宅を家族ではなく他人とシェアして住むシェア住宅もあるし、共用を前提に住宅設計を意図したコーポラティブハウス、さらには、老人だけが住む介護付きの高齢者型対応住宅などもある。理屈をこねると、まだまだありそうだが、こうした住宅をすべて取り挙げるのは極めて困難だし、いささか手に余る。

そこで、ここでは、とりあえずわが国の近代以降に劇的な変化をみせる住宅の所有形態に注目して、住宅の所有形態の変化と主体性の関係に注目してみたい。

現在のわが国の住宅の所有形態を知る手がかりの一つに『図説 日本の住宅事情 改訂版』（建設省住宅局住宅政策課、１９９４年）がある。これによれば、１９６３〜１９８８（昭和38〜63）年の持ち家率の平均は61・３％であり、持ち家と借家の割合はおよそ３対２と持ち家が多くを占めていることがわかる。しかしながら、こうした持ち家傾向が、わが国における伝統的な所有形態であったかといえば、そうではなく、戦前期までは借家が圧倒的に多かった。言い換えれば、持ち家と借家の割合は、戦前・戦後ではまったく逆の様相を示しているのである（注１）。

借家から持ち家への動き

ここで、少し戦前期の様子をくわしくみてみよう。大正期のそれほど母集団の大き

注１
拙稿「借家から持家へ—所有形態からみた戦前・戦後の住まいの変容」『住まいの１００年』所収、日本生活学会編、ドメス出版、２００２年

な調査ではないが、当時台頭してきた都市中間層と言われたいわゆる中流階級を対象とした東京の郊外居住者の住宅の所有形態のわかるデータがある。1922（大正11）年9月東京府社会課は、「東京市及接続町村中等階級住宅調査」を実施した。母集団が6700名と少なく、かつ、回収率も42％と低いものの、「中等階級」を対象とした住宅調査データは、ほかにはほとんどみられず貴重なものといえる（注2）。

これによれば、「中等階級」の明確な定義は記されてはいないものの、その職業をみると、官吏、公吏、警官、中学教員、小学教員、会社員、銀行員、電車従業員、職工などであった。また、このデータを整理した大方潤一郎氏によれば、全体の世帯当たりの家族数の平均は4・53人、同様に、月収は116・7円、敷地面積は61・1平方メートル、延べ床面積は41・5平方メートルであった（表1）。また、大方氏は、住宅型も分析しており、全体の48％が一戸建て、38％が二戸建てに住み、一戸建ての75％が平屋であったことを明らかにしている。そして、肝心の借家率に注目すると、その割合は93・3％ときわめて高く、大多数の人々が借家住まいであったことが窺えるのである。こうした借家率が高い傾向は、ほかのデータからも知られ、「昭和一六年 大都市住宅調査」（調査地域：24都市）を基にして、宮崎・鈴木両氏は1941（昭和16）年当時のわが国の住宅所有の様相を、給与住宅を除いた専用住宅における借家率は78・2％であったことを明らかにしている（注3）。給与住宅も基本は借家であり、借家の割合が昭和初期においても約8割を占めていたことが窺えるのであり、借家文化の様相が見て取れる。

それでも、データをよくみると大正期の借家率と比べると昭和初期のそれは減少し、

注2
本稿のデータは、大方潤一郎の分析結果を参考とした（「補足資料 田園調布の位置づけについて」『コミュニティ』59、財団法人地域社会研究所、1980年）。

注3
宮崎幸恵・鈴木博志「住宅統計資料にみる戦前期の住宅規模、住宅水準の特性について」『生活文化史』37号、2000年3月。

持ち家の割合が徐々にではあるが増えていることがわかる。そこには、こうした大正期以降から始まった持ち家化を促す力による動きの存在が読み取れるのである。

持ち家化を促した住宅組合法

当時の住宅政策をみてみると、借家文化のなかで持ち家を奨励した目に見えない力のひとつとして１９２１（大正10）年に公布された住宅組合法が挙げられる。この住宅組合法は、戦後の住宅金融公庫法の前身とも考えられるもので、戦前期の中流層の人々が住宅を建設する際に、７名以上で組合をつくり、組合員の連帯責任により住宅建設に係る資金を借り、分割払いで返済するというものであった。公布から5年後の１９２５（大正14）年の新聞では、全国の住宅組合が千組を超え、また組合員も1万４０００人を超えたことが報じられており、これらの人々が持ち家住まいを始めたことがわかる（図1）。

この住宅組合法が公布された背景のひとつには、明治末期ごろからみら

表1．補足資料「田園調布の位置づけについて」

職業	世帯あたり人員（人）	借家率（％）	月収（円）	家賃（円）	家賃/収入（％）	敷地面積（㎡）	延床面積（㎡）	室数	畳数	一人あたり畳数
官吏	4.56	92.2	114.2	21.7	19.1	74.3	45.2	3.39	15.4	3.38
公吏	4.61	92.4	121.2	18.4	15.2	59.2	40.7	3.19	14.0	3.04
警官	4.30	95.5	89.6	161.	17.9	42.3	34.7	2.77	12.2	2.84
中学教員	4.95	87.1	142.5	24.7	17.3	86.9	51.4	3.80	17.5	3.54
小学教員	4.43	93.8	124.9	21.1	16.9	68.2	43.5	3.37	15.1	3.41
会社員	4.47	90.6	156.1	26.4	16.9	78.3	51.9	3.63	17.1	3.83
銀行員	4.34	85.6	173.6	32.1	18.5	78.9	61.6	4.26	20.4	4.70
電車従業員	4.82	98.3	95.5	13.2	13.9	35.0	30.6	2.44	10.8	2.24
職工	4.59	96.3	83.6	12.8	15.3	35.2	30.1	2.46	10.6	2.31
その他	4.27	93.7	125.8	20.1	15.9	63.8	41.7	3.13	14.2	3.33
平均	4.53	93.3	116.7	19.7	16.9	61.1	41.5	3.15	14.2	3.13

出典：『コミュニティ』59、財団法人地域社会研究所、1980年

れた都心部の人口集中による住宅不足が社会問題化していたことが挙げられ、この解決のために、低所得者に対しては市町村などが国からの低利資金を資源とした公的住宅の供給を行い、また、中流層には直接資金を貸し与え、自前で住宅を用意することを求めたのである。とりわけ、この時期には明治以降から始まった欧米文化の流入の影響が日常生活にまで浸透し始め、大学や高等工業学校・高等商業学校といった高学歴者からなる中流層においては、海外の住まいや生活スタイル、あるいは新しい家族のあり方などの新知識もあって時代の流れにそぐわない伝統的生活や住まいを見直し、時代に適合した新しい住まいを模索する人々が多く存在していたのである。

ただ、当時彼らが住んでいた借家の多くは、伝統的な住まい形式のものが多く、時代に適合した新しい生活と住まいを得るためには、必然的に自らが理想とする住宅―持ち家―を用意する必要があったのである。ちなみに、1909（明治42）年に住宅専門会社「あめりか屋」を興した橋口信助は、1919（大正8）年に「自分の

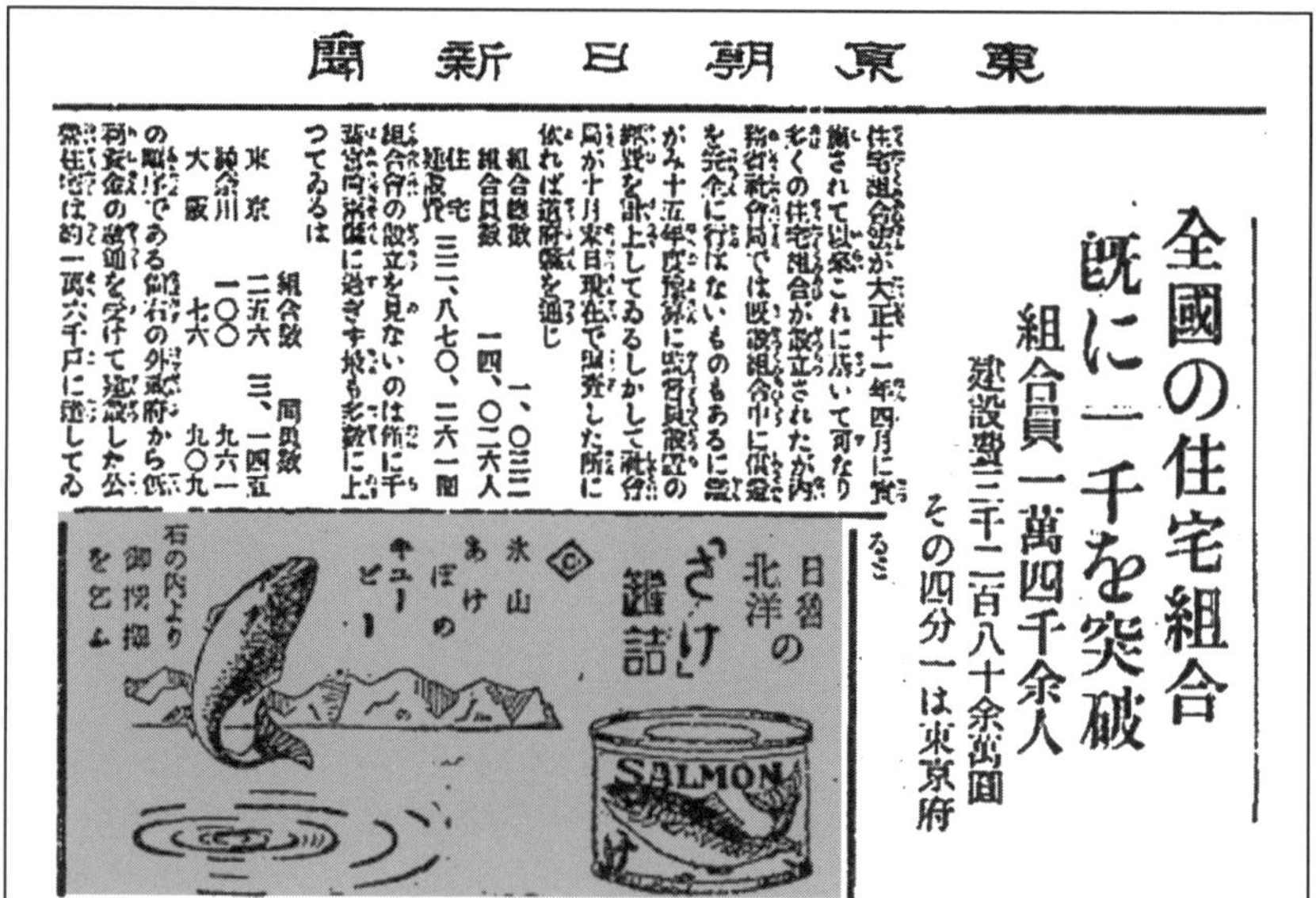
東京朝日新聞

全國の住宅組合
既に一千を突破
組合員一萬四千余人
建設費三千二百八十余萬圓
その四分一は東京府

住宅組合法が大正十一年四月に實施されて以來これに依いて可なり多くの住宅組合が設立されたが内務省社會局では既設組合中に供給を完全に行はないものもあるに鑑み十五年度豫算に監督員設置の經費を計上してゐるしかして社會局が十月末日現在で調査した所に依れば道府縣を通じ

組合總數 一、〇三三
組合員數 一四、〇二六人
住宅建設費 三三、八七〇、二六一圓

組合の設立を見ないのは僅に千葉宮崎沖繩に過ぎず最も多數に上つてゐるは

	組合數	同員數
東京	二五六	三、一四五
神奈川	一〇〇	九六一
大阪	七六	九〇九

の順序である右の外政府から低利資金の融通を受けて建設した公營住宅は約一萬六千戸に達してゐる

図1．住宅組合法による住宅組合に関する記事

出典：『東京朝日新聞』大正14年12月2日

家と借家」(『住宅』大正8年2月号)のなかで「借家と自分の家がその構造、様式と趣味とに於て大に相違あることは云う迄もないが更に住み心地に於て格段の相違がある」とし、持ち家こそ自らの趣味や好みの様式や住まい方を実現し得ることを述べ、中流階級の住まいの形式として持ち家を推奨している。いずれにせよ、この持ち家化の現象は、見方を変えれば、まさに施主であり居住者である中流層の人々が伝統的住まいを捨てて、主体的に新時代に則した新しい住宅を求めたことを意味するともいえるのである。

中流層の住まいの様相

さて、ではこの時期の新しい住宅とは、一体どのようなものであったのか。

早稲田大学建築科の主任を務め、当時の住宅界に大きな影響を与えていた建築家・佐藤功一は、住宅を改良しようとする動きは、「経済上の圧迫に基く簡易生活の要求、開発されたる衛生思想、新材料にともなう構造法、新思想にともなう生活の要求など」に起因したものであり、住まいや生活をどう改良していくのかという方法に関しては、和洋の文化の混在の中でどのような生活を求めるのかの姿勢を明確化することがきわめて重要であると論じている(「中流住宅改良の根本問題」『住宅』大正5年9月号)。この指摘にみるように、この時代に模索された住まいは、椅子座の生活を基調とした洋風住宅であり、また、生活スタイルも単に椅子座への変化だけではなく、家族生活のあり方も伝統的な封建的家父長制の反映としての接客本位の考え方を改め、家族生活をもっとも大切なものとする家族本位の考え方による住まいづくりへと変化し始めていたのである。その意味では、まさに、高等教育による知性を基に時代の流れを読み取りながら辿り着いた洋風住宅は、中流層の知識を示すシンボルとして普及し、また、生活スタイルも基本は、欧米のものをモデルとした生活を実践していたのである。

　こうした住宅の事例として、１９２２（大正11）年に開かれたわが国初の実物住宅展覧会の出品住宅をみてみよう（図２）。この展覧会は、公布された住宅組合法を利用する人々のモデルハウスをも意識して計画されたもので、中流層向けの小住宅を展示したものであった。この住宅は、外観は単純な形態だが、屋根は赤色フランス瓦葺きの切妻屋根、外壁は下見板張りで上げ下げ窓を配した洋風住宅である。間取りは、家族本位を具現化するように中央におかれた一番大きな部屋は「家族室」と命名されている（図３）。ここには丸い食卓が描かれており、椅子座を基本とした生活を取り入れて

図２．小沢慎太郎氏の文化村出品住宅外観
出典：『文化村の簡易住宅』1922年

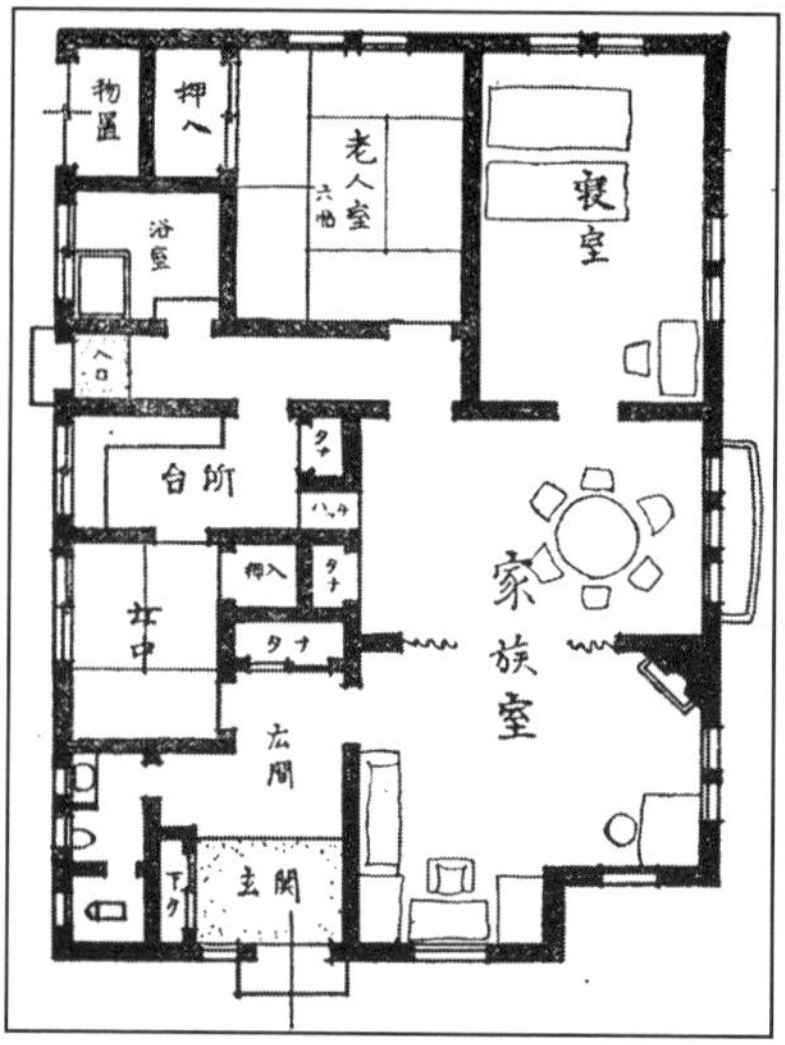

図３．小沢慎太郎氏の文化村出品住宅平面図
出典：『文化村の簡易住宅』1922年

いることがわかる。なお、老人室は畳敷きのように描かれているが、これは椅子座にも床座にも対応できるように床をコルク敷きとし上に花莚《はなむしろ》などを敷いたものである。まさに、伝統的生活から洋風の生活へと移行していくなかで考案された住宅であった。

個性と主体性

ところで、1922(大正11)年、住宅専門会社を経営していた橋口信助は「新しき時代に適した新住宅を求める人が大戦後頓《とみ》に激増して来た」と洋風住宅建設ブームの様子を紹介している(「個性の要求する住宅」『住宅』大正11年6月号)。ただ、こうした傾向を喜ぶ一方で、橋口は建築家任せの個性のない住宅が多いことを嘆き、「理想から云えばこれは住む人の人格個性の表現でなければならぬ」と批判している。そして、こうした個性なき住宅の蔓延している理由として、①主人が自己の住宅にそれほど愛をよせていない、②住宅選択の標準を自己の外におく場合が多い、という2点を挙げ、①は生活重視の考えが普及すれば克服されるが、②は住宅を建てようとするほどの人でありながら、たいていが個性をもたない場合が多く、克服が難しいと述べている。

広義的観点から個性を主体性と同意語と捉えれば、この橋口の指摘は、借家から持ち家へ、和風住宅から洋風住宅へという変化を担った中流層にみられる主体性は、個々の住宅レベルに落として見るときわめて希薄なものであるということを意味しているように読み取れる。

　こうした日本人は個性がないという傾向は、今日でも、しばしば耳にする指摘でもある。すなわち、わが国民は、きわめて質の高い独自の文化をもちつつも、目立たず、協調性を維持することが美徳ともされ、個々人においては没個性と言われることが多い。そう考えれば、橋口の個性なき住宅への批判は、ある種、現代にも通じる批判でもあり、また、わが国独自の住宅産業を支えているメンタリティなのかもしれない。

　いずれにせよ、住まいと主体性の関係をみてみると、中流層という階層的主体性の存在のなかで個々の主体性はいまだ、未完成と言わざるを得ないのかもしれない。ただ、住まいにおける主体性が目に見えるような状況になると、ひょっとしたら、協調性といった日本人の美徳は同時に喪失してしまっているのかもしれない。

マイホーム・持ち家は主流であり続けるか

「マイホーム」という言葉には、夫婦とその子どもがいる核家族のための持ち家（戸建て住宅）というイメージがまとわりつくが、そこにぴったり当てはまる世帯は大幅に減っている。「住宅＝持ち家」「世帯＝核家族」という図式は今後も流通・経済市場の主流であり続けるのだろうか。

村田 真

「夫婦と子供から成る世帯」は減少が続く

国勢調査（総務省統計局）では「世帯の家族類型」が集計され、そのなかに「核家族世帯」が登場する。一般に核家族というと夫婦と子どもから成る世帯をイメージしがちだが、国勢調査でいう「核家族世帯」は「親族のみの世帯」のうち「夫婦のみの世帯」「夫婦と子供から成る世帯」「女親と子供から成る世帯」「男親と子供から成る世帯」の４類型（注１）が該当する。親と子ども以外にほかの親族や雇い人が同居している場合は「核家族世帯」には該当しない。

１９９０年から２０１０年の20年間について、一般世帯の家族類型別に世帯数の推移をみると核家族世帯は全体の5割を常に占めているが、「夫婦と子供から成る世帯」は減少を続け、「夫婦のみの世帯」と「ひとり親と子供から成る世帯」が漸増している。単独世帯の急増とともに、この傾向は20年間まったく変わっていない（表1）。

国勢調査の世帯類型には「標準世帯」という概念はなく、「夫婦と子ども2人」の世帯数を示すデータは公表されている統計表からは得られない。よく知られた「夫婦と子ども2人で有業者が世帯主1人だけの世帯」という定義が出てくるのは家計調査だが、こちらはサンプル数も少なく、標準世帯の実数は把握できない。

それでも国勢調査の「4人世帯」の数を「標準世帯」が上回ることはあり得ないので、その数の推移からある程度の傾向は読み取れる。「4人世帯」の

表1．一般世帯の家族類型別の推移（1990～2010年、全国）

＜世帯数＞　（単位：千世帯）

一般世帯の家族類型	1990年	1995年	2000年	2005年	2010年
総数	40,670	43,900	46,782	49,062	51,842
単独世帯	9,390	11,239	12,911	14,457	16,785
核家族世帯	24,218	25,760	27,332	28,394	29,207
夫婦のみの世帯	6,294	7,619	8,835	9,637	10,244
夫婦と子供から成る世帯	15,172	15,032	14,919	14,646	14,440
ひとり親と子供から成る世帯	2,753	3,109	3,577	4,112	4,523
その他の親族世帯	6,986	6,773	6,347	5,944	5,309

＜割合＞　（単位：％）

一般世帯の家族類型	1990年	1995年	2000年	2005年	2010年
総数	100.0	100.0	100.0	100.0	100.0
単独世帯	23.1	25.6	27.6	29.5	32.4
核家族世帯	59.5	58.7	58.4	57.9	56.3
夫婦のみの世帯	15.5	17.4	18.9	19.6	19.8
夫婦と子供から成る世帯	37.3	34.2	31.9	29.9	27.9
ひとり親と子供から成る世帯	6.7	7.1	7.6	8.4	8.7
その他の親族世帯	17.2	15.4	13.6	12.1	10.2

出所：国勢調査（総務省統計局）。「ひとり親と子供から成る世帯」は「父親と子供から成る世帯」と「母親と子供から成る世帯」を合計したもの。家族類型は表に掲げた以外に「非親族世帯」がある。

注1
国勢調査では「女親と子供から成る世帯」と「母子世帯」の意味は異なっている。「母子世帯」は「女親と子供から成る世帯」のうち、未婚、死別又は離別の女親と未婚の20歳未満の子供のみから成る世帯を指す。「男親と子供から成る世帯」と「父子世帯」の関係も同様で、２０１０年調査の結果では「女親と子供から成る世帯」３８６万世帯に対し「母子世帯」は76万世帯、「男親と子供から成る世帯」66万世帯に対し「父子世帯」は9万世帯だった。

数は１９８０年まで増え続けて９０７万世帯でピークを迎え、以後減少に転じた。それまで世帯人員別の首位を占めてきたが、このとき以降、単独世帯、２人世帯、３人世帯に順に抜かれ、２０００年には4位に転落する。平均世帯人員は２０１０年現在で2・42人まで下がり、いまやもっとも多いのは１６７８万世帯に上る単独世帯だ。２人世帯１４１２万世帯と合わせると一般世帯全体の６割が２人以下となる。４人世帯は全体の14・3％に過ぎず、もはや標準とは呼べない存在に転落し、住宅市場をけん引する存在ではなくなっている（表２）。山本理奈氏も指摘しているように、核家族を前提としたマイホーム神話は溶解している。

中年世代で続く持ち家率の低下

では、持ち家は今後も市場の主流であり続けるだろうか。

国勢調査によると、一般世帯が住んでいる住宅のうち持ち家が占める割合はこの20年間、60％から62％の間で推移し、ほとんど変化していない。実近の２００５年と２０１０年を比べると０・２％低下しているが、依然として高い水準であり、主流であり続けている。民営借家は26％から28％までの間を緩やかに増加しているが、大き

表２．世帯人員別の一般世帯数と平均世帯人員の推移

（単位：万世帯、太字は各年のシェア１位）

世帯人員数	1970年	1975年	1980年	1985年	1990年	1995年	2000年	2005年	2010年
一般世帯数	3,030	3,360	3,582	3,798	4,067	4,390	4,678	4,906	5,184
単独世帯	618	656	711	789	**939**	**1,124**	**1,291**	**1,446**	**1,678**
２人世帯	418	526	600	699	837	1,008	1,174	1,302	1,412
３人世帯	532	626	648	681	735	813	881	920	942
４人世帯	**688**	**830**	**907**	**898**	879	828	792	770	746
平均世帯人員（単位：人）	3.41	3.28	3.22	3.14	2.99	2.82	2.67	2.55	2.42

出所：国勢調査（総務省統計局）

な変化とまではいえない（図1）。

ただ、世帯主の年齢別で持ち家率の推移をみると様相は異なってくる。一般世帯の世帯主の年齢（5歳階級）別にデータを取れる2000〜2010年について持ち家率の推移をみると、全体の平均である60％を超えているのは45歳以上の年齢層に限られ、さらに持ち家率が上昇し続けているのは80歳以上の年齢層に限られる。40歳〜79歳の年齢層の持ち家率はこの間に軒並み低下しており、とくに40〜44歳、45〜49歳の世代の落ち込み幅が大きい（表3）。

返済が35年に及ぶ可能性もある住宅ローンの負担を考えれば、富裕層は別にしても、40歳代は持ち家取得に動ける、事実上最後の年代といえるだろう。その中年世代の持ち家率がこの10年間で突出して低下している理由は何なのか、このデータだけではわからない。ほかの研究・分析を待ちたいと思う。

終身雇用制が崩れて契約社員などの非正規社員が増え、長期にわたって安定した収入を得ることを期待できなくなったといわれているが、25〜39歳までの若い世代の持ち家率は水準こそ低いものの、10年前と比べてそれほど落ち込んでいるわけではない。しかし、これらの世代の持ち家取得を取り巻く経済環境は厳しさを増している。この先、すぐ上の中年世代と同様の取得傾向を示すとしたら、現役世代全体の持ち家率は徐々に低下して

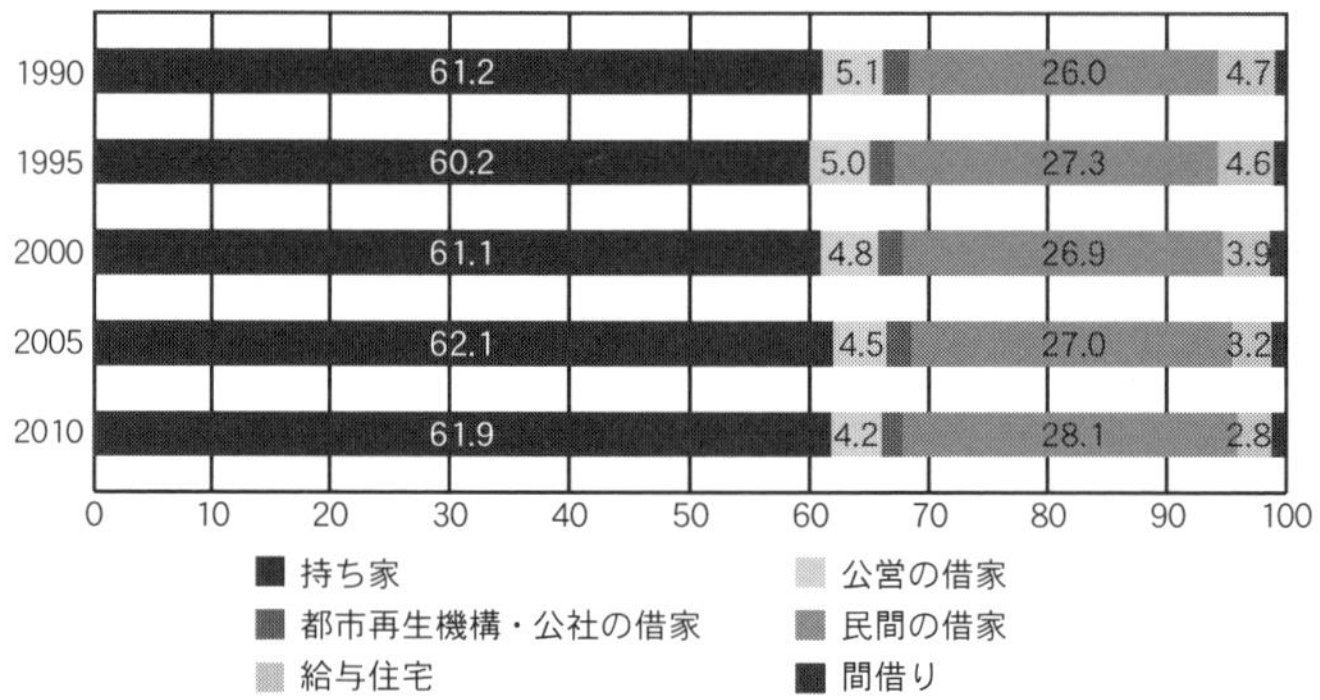

図1．住宅の所有の関係別　住宅に住む一般世帯の割合の推移（全国）（1990年〜2010年）
出所：平成22年国勢調査解説シリーズNo.1「グラフでみる我が国の人口・世帯」（総務省統計局）

いく可能性が高いといえるだろう。

急増する「終の棲家になり得なかった持ち家」

持ち家は終の棲家となり得ているのだろうか。

高齢世代の持ち家率は現役世代に比べてきわめて高いが、彼らは今の持ち家を「終の棲家」と考えているのだろうか。２００８年の住生活総合調査で国土交通省は、高齢期における住み替え先として望ましい居住形態を調査した。そこには、60歳以上になると戸建て住宅やマンションを選択する人の割合が急速に低下する傾向が出ている（図２）。

55～59歳でこの２つの居住形態を選んだ人は28・8％いるのに対し、60～64歳では19・3％、65～74歳は19・5％、75歳以上は12・0％まで低下する。65～74歳ではサービス付き高齢者住宅（30・0％）、75歳以上では有料老人ホーム（35・1％）を望む人たちの割合が首位を占める。高齢期の住み替え先として戸建て住宅を望む人は30歳未満では44％いるが、30歳代では30・0％に減り、65～74歳では14・6％、持ち家の割合がもっとも高くな

表3. 世帯主の年齢別　住宅に住む一般世帯の持ち家率の推移（2000～2010年）

（単位：％、太字は前回調査よりも上昇している部分）

	25～29歳	30～34歳	35～39歳	40～44歳	45～49歳	50～54歳	55～59歳
2010年	12.4	29.4	**45.6**	55.1	63.0	69.1	73.1
2005年	**13.0**	**29.7**	45.1	57.6	66.2	71.0	74.7
2000年	12.7	28.1	45.9	59.5	67.1	71.7	75.4

	60～64歳	65～69歳	70～74歳	75～79歳	80～84歳	85歳以上
2010年	77.0	78.9	79.9	81.6	**83.7**	**84.0**
2005年	78.1	79.5	81.0	83.2	**82.9**	**82.7**
2000年	78.4	80.3	82.5	82.0	81.4	81.5

国勢調査（総務省統計局）統計表より集計した。ホームページ上に公表されている1995年以前のデータからは同じ数字を計算できないので省略している。2010年のデータは「平成22年 国勢調査解説シリーズNo1. グラフでみる我が国の人口・世帯」（総務省統計局）より引用した。

る75歳以上では8・9％まで減る。身体の衰えを実感する年齢になるほど戸建て住宅の住みにくさが切実な問題になっていることの表れと捉えることもできるだろう。

持ち家が終の棲家となっていない実情は「空き家」の内訳からもある程度みえてくる。住宅・土地統計調査（総務省統計局）によると空き家全体の数は１９９８〜２０１３年で５７６万戸から８２０万戸まで増えて、一般に「空き家８００万戸時代」ともいわれているが、その内訳には一定の傾向がある。

同調査における「空き家」とは、居住世帯がいない住宅から「一時現在者がいる住宅」と「建築中の住宅」を除いたものであり、「賃貸用」、「売却用」、別荘などを想定した「二次的住宅」と「その他の住宅」に分類されている。空き家全体に占めるそれぞれの割合をみると、上記の15年間で一貫してシェアを拡大しているのはこのうちの「その他の住宅」だけだ。「その他の住宅」はこの15年間で１８２万戸から３１８万戸まで増えて空き家の数を押し上げる主因となっている（表４）。

「その他の住宅」とは、転勤や入院のために長期にわたっ

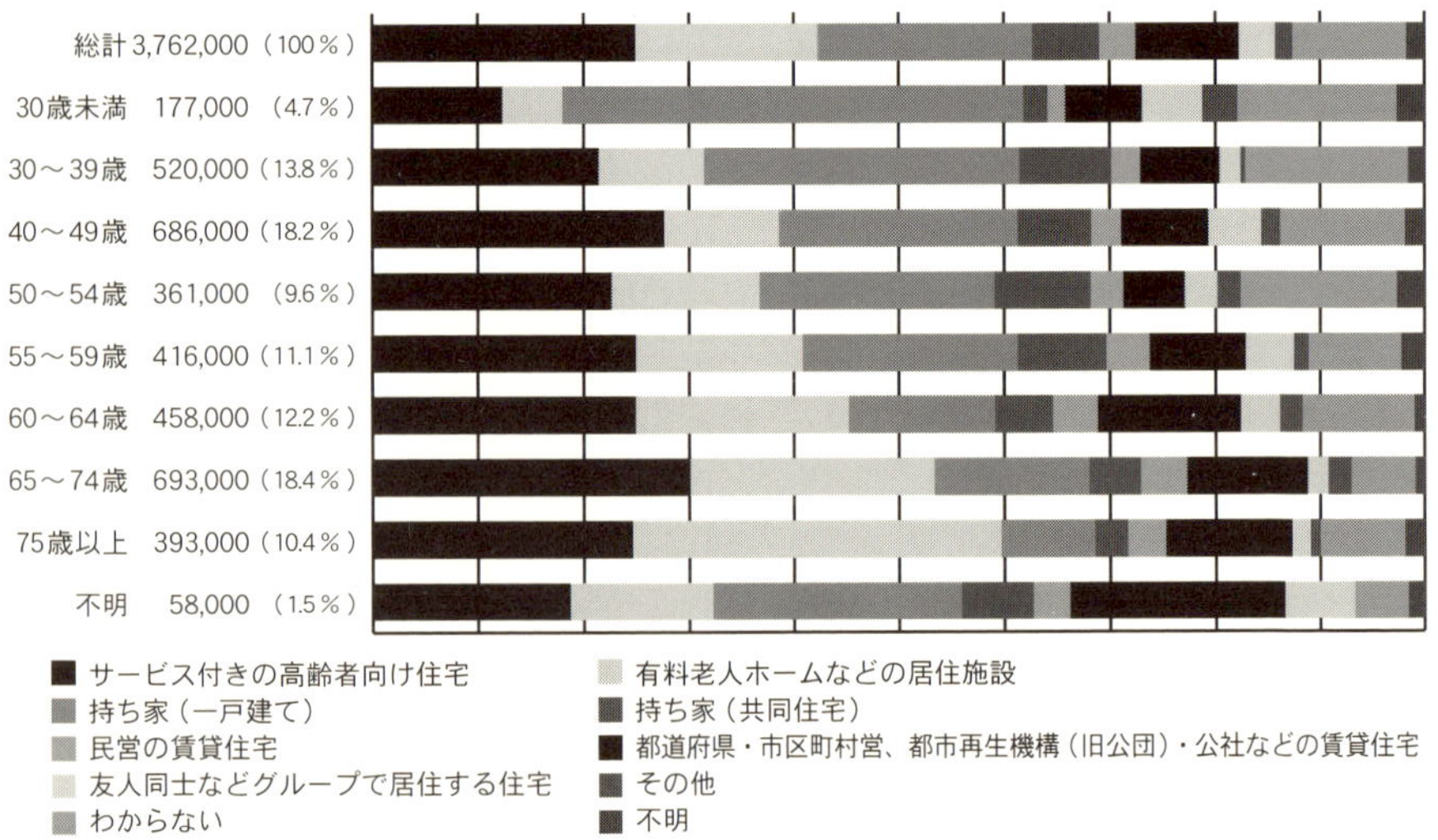

図２．家計を主に支える者の年齢階級別にみた高齢期における住み替え先として望ましい居住形態

出所：住生活総合調査（国土交通省、2008年）

て居住世帯が不在になっている空き家や、建て替えなどで取り壊し予定の空き家を指している。要するに所有者が貸す気も売る気もなく空き家にしている状態の住宅であり、「終の棲家のつもりで持ち続けている空き家」あるいは「終の棲家になり得なかった持ち家」とも言い換えられる。このような空き家の急増は、持ち家が必ずしも終の棲家となり得ていない状況を示唆しているといえるのではないか。

新築重視に見切りをつけられない市場

家族の構成は時間とともに変容していく。離別や死別でなくても、子どもは成長すれば大学入学、就職、結婚などを機に親元を離れ、自活していく。残された夫婦はやがて一人世帯となる。しかし、家族構成の変化に持ち家の構造は容易に追随できず、最後は高い確率で無人の空き家と化しているのが現実だ。

表４．空き家数の類型別推移（1998～2013年）

＜戸数＞　　単位：万戸、太は前回調査結果を上回っている部分

	1998年	2003年	2008年	2013年
居住世帯がいない住宅	632	**703**	**799**	**853**
空き家	576	**659**	**757**	**820**
賃貸用の空き家	352（※）	**367**	**413**	**429**
売却用の空き家	（※）	30	**35**	31
二次的住宅	42	**50**	41	41
その他の住宅	182	**212**	**268**	**318**

＜空き家に占める割合＞　　単位：％

空き家	100.0	100.0	100.0	100.0
賃貸用	61.1（※）	55.7	54.6	52.3
売却用	（※）	4.6	4.6	3.8
二次的住宅	7.3	7.6	5.4	5.0
その他の住宅	31.6	**32.2**	**35.4**	**38.8**

出所：住宅・土地統計調査（総務省統計局）より集計。
「空き家」は「居住世帯がいない住宅」から「一時現在者のいる住宅」と「建築中の住宅」を除いたもの。「二次的住宅」とは別荘のほか、残業時に一時的に宿泊するために確保したセカンドハウスなどを指す。1998年の統計表では、「賃貸用」と「売却用」は合算した数字が公表されている。

住み替えも進まない。国交省は住宅・土地統計調査を基に、65歳以上の単身と夫婦の持ち家世帯の57％が１００平方メートル以上の住宅に住んでいる一方で、４人以上の一般世帯の29％が１００平方メートル未満の住宅に住んでいるという推計を行っている（図３）。高齢世帯の建て替えや住み替えを促す制度は整いつつあるが、住宅ストックと居住ニーズのミスマッチはなかなか解消していない。

建て替えや改修・改造はどうか。ライフステージに合わせて間取りや設備を変えられる可変性の高い住宅はすでに数多く開発されている。それでも、実際に改変するための資金は所有者自身が用意するしかない。住宅の改造や改修のきっかけになるのは子育て期や子どもの独立時、要介護期、配偶者の死亡時など家族の構成や健康状態が変化する時期だが、そのたびにリフォームやリノベーションを繰り返すことは、高齢になればなるほど難しくなる。

住宅の供給や流通にかかわる市場の構造もなかなか変わらない。第1期で「1世帯＝1住宅」の実現を目標に掲げた住宅建設五箇年計画は、新築促進からストック活用への転換の時代を迎えることを予期して２００６年に第8期で終了し、

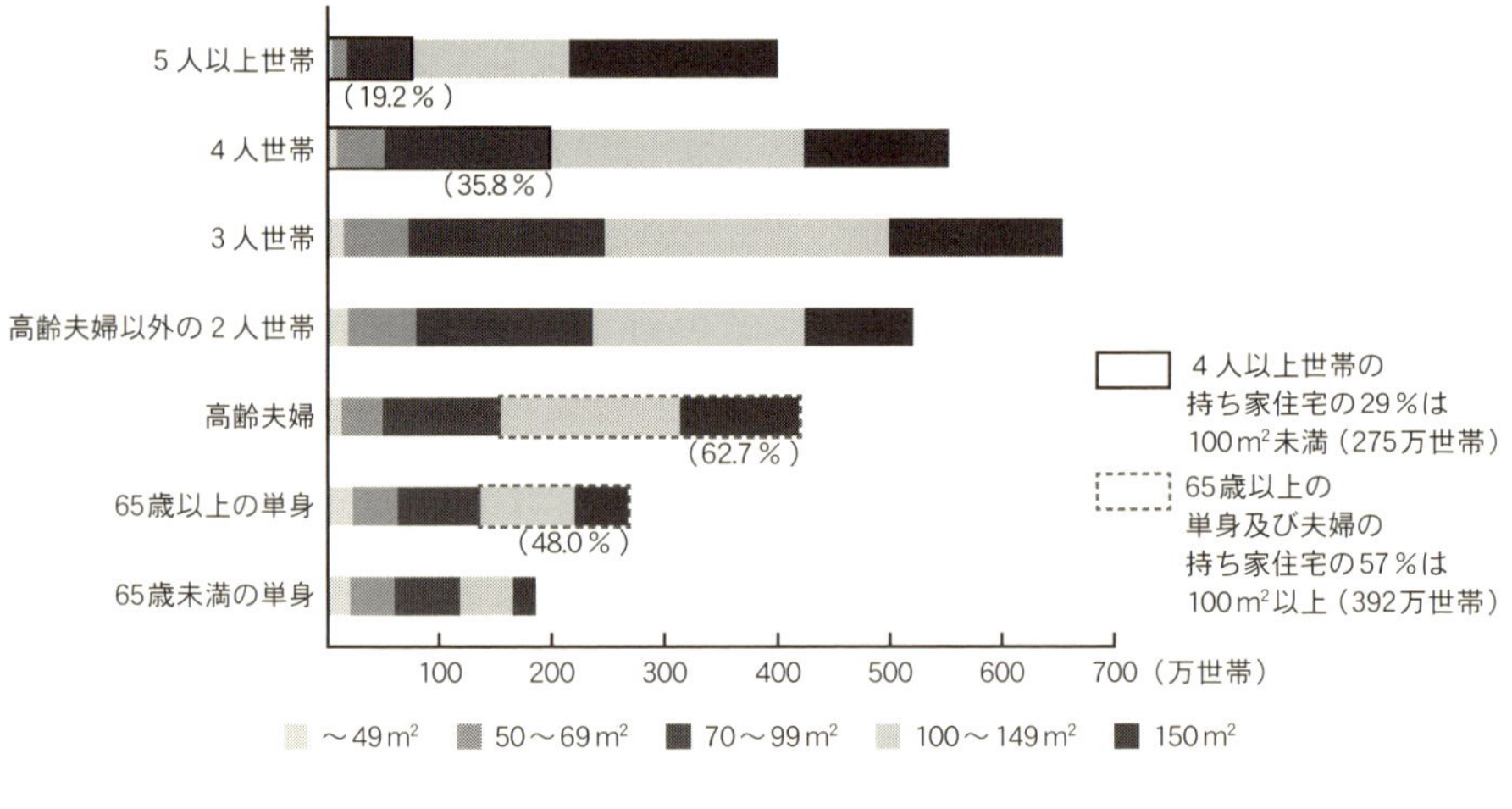

図３．持ち家世帯類型別の床面積構造（2008年）

出典：「住替え、リバースモーゲージについて」（国土交通省住宅局、2010年）。
住宅・土地統計調査（総務省統計局）を基にした国土交通省による推計。

その後は「住生活基本法」に基づいて住宅履歴書やインスペクションの活用、耐震改修や省エネ改修の促進など、中古住宅の流通や改修を促す支援制度が着々と整備されている。

ストック社会への移行という方向はみえているが、それでも行政、金融機関、事業者、メーカー消費者といった市場参加者の多くはそちらに向けてなかなか舵を切ろうとしない。新築住宅の着工戸数は以前に比べて減ってはいるものの、依然として空き家の増加数を上回る数の住宅が供給されている。新築住宅、とくに持ち家や分譲住宅は周辺産業への経済波及効果が大きいという期待は依然として根強く、ＧＤＰ（国内総生産）の一角を占める住宅投資の低下傾向を押しとどめるために、リフォームや中古流通市場の活性化とともに新築住宅・持ち家取得へのテコ入れも欠かせないという基本認識が住宅政策の根底にあることは疑いようがない（図４、５）。

年末になると恒例行事のように住宅ローン減税の延長が繰り返され、高齢世代から孫世代への住宅資金贈与の非課税枠をふたたび拡大することも決まった。インフラの維持管理費用を軽減するためのコンパクトシティー化の推進、防災上安全・安心な市街地を実現するための木造密集地帯の再開発と

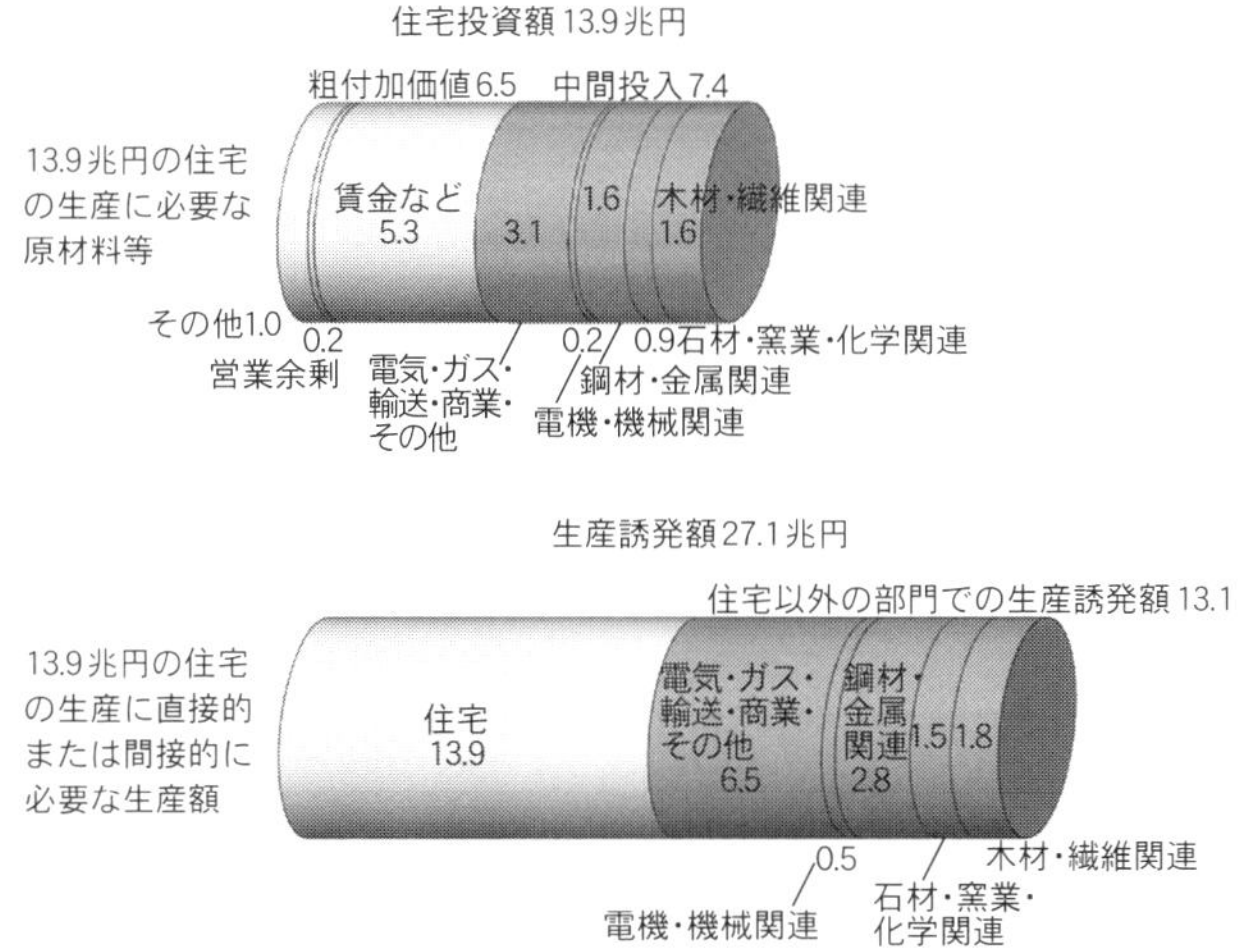

図４．住宅建設の経済効果・住宅関連産業への生産誘発効果

出典：国土交通省ホームページ「平成25年度住宅経済関連データ〈5〉国民経済と住宅投資」。「国民経済計算年報」（内閣府）、「平成17年建設部門分析用産業連関表」一般分類建設部門表（国土交通省）により同省が作成

老朽マンション建て替えの円滑化、維持管理の行き届かない「特定空き家」の解体・除去推進なども、新築需要を喚起する施策と重なってくる。

景気回復がわが国の最優先の政策課題であり続ける限り、供給側の新築持ち家重視の大きな流れは変わりようがないのが実情だ。家族や世帯の変化、住み手のニーズの変化に的確に対応できなければ、供給側と住み手のミスマッチはますます拡大していく可能性がある。

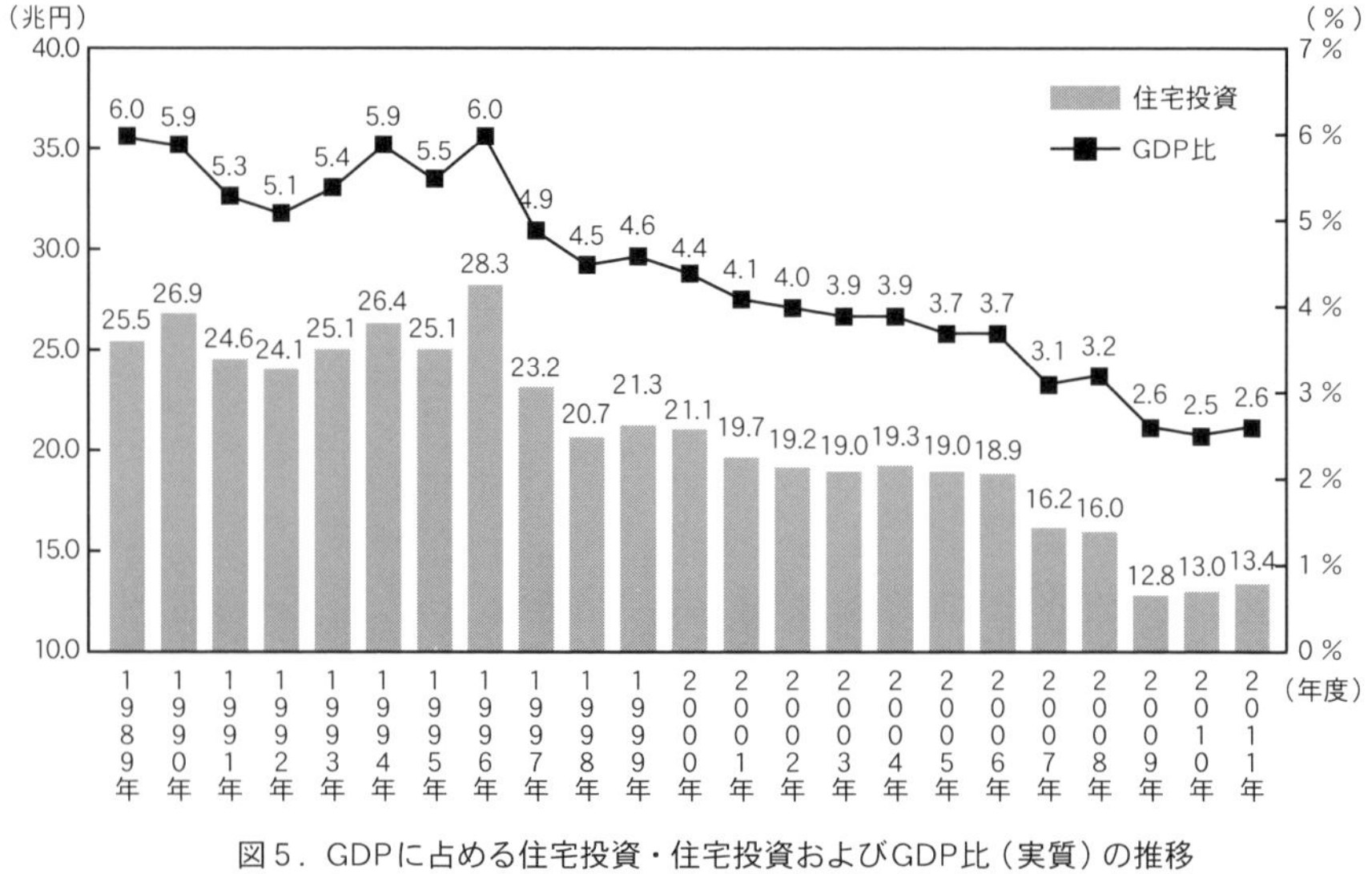

図５．GDPに占める住宅投資・住宅投資およびGDP比（実質）の推移

資料：国民経済計算年報（内閣府）

住み手の変化に追いつけない建築法制度

「住宅」とは何か。「世帯」や「家族」は住宅とどのような関係にあるのか。「1世帯＝1住宅」「1家族＝1世帯」という図式という図式で突っ走ってきた戦後日本の住宅政策と建築法制度は今、住み手相互の関係の変化に追いつけず、ほころびを見せ始めている。

村田 真

建築基準法は「住宅」を定義していない

ここでは法律や公的調査における「住宅」や「世帯」の定義を改めて概観し、住み手の変化に建築法制度が追い付いていない現状の一端を紹介する。

まず、多くの読者の方々になじみが深いであろう建築基準法（以下、建基法）だ。

この法律は「住宅」という建築物がどのようなものか、じつは定義していない。「住宅」という用語は条文中では使われず、別表第2の（い）欄、第一種低層住居専用地域内に建てられる建築物を限定列挙している部分に、次のようにいきなり登場する。

1．住宅
2．住宅で事務所、店舗その他これらに類する用途を兼ねるもののうち政令で定めるもの
3．共同住宅、寄宿舎または下宿

このうち、1の「住宅」は3の「共同住宅」との対比で、「戸建て住宅」もしくは「長屋建て住宅」とされている。用途は2との対比で専用住宅であることがわかる。

2も「住宅」なので戸建てか長屋建ての住宅だが、こちらは兼用住宅（併用住宅）だ。建物内部で住宅部分とそれ以外の用に供する部分を行き来でき、構造的、機能的に住宅部分と用途不可分なものとされている。

3に出てくる「共同住宅」は2以上の住戸が階段や廊下、エレベーターなどを共用している建築物とされ、長屋建て住宅と区別されている。建基法上は特殊建築物として扱われるため、住戸間の界壁の防火構造化、共用廊下や階段の幅、窓先空地の確保や避難器具、自動火災警報機の設置などに規制がかかる。

「寄宿舎」や「下宿」の詳しい定義は同法にはなく、労働基準法の「事業用の附属寄宿舎」や旅館業法の「下宿営業」にその定義を預けている。いずれも事業者が設置・運営する施設で、特殊建築

物として扱われる。住宅の部屋を学生などに貸す昔ながらの貸し間などはここで想定されている様子はない。

ちなみに東京・世田谷区の「建築基準法等の取扱いに関する基準」では「寄宿舎」について次のような定義（2013年5月改正）が示されている。

「学校・事務所・病院・工場等の事業者が設置する居住施設で、主として学生、職員、従業者等のうち、主に単身者を対象とする複数の寝室を有し、食堂、浴室等の共同施設が設けられたもの。寝室が住戸として扱われるような形態（便所、台所、浴室がすべて設置されている等）を有している場合は、共同施設が設けられていても共同住宅として扱う」

別表第2（い）欄でこれ以外に人が日常的に寝食および炊事・排泄・入浴などの行為を繰り返す場として考えられるものには「老人ホーム」がある。介護型の有料老人ホームなどは通常、居室に浴室や台所を備えていないので「共同住宅」には該当しない。

品確法の定義は「人の居住の用に供する家屋」

建基法はなぜ「住宅」を定義していないのだろうか。

法律の制定当時、戦後復興期の1950年といえば、住宅は圧倒的に不足していた時代だ。人々は借家や社宅はもちろん、バラックや貸し間、親戚宅への居候や勤め先への住み込みなど、親戚・友人・知人・雇用主などを頼ってさまざまな形で住む場所を確保していた。現在よりも多様な住まい方が併存していたこの時代、「住宅」とは何かを新法で定義する意義は十分あったはずだが、なぜかスルーされてしまった。

この法律は建築物の敷地、構造、設備、用途について最低基準を設ける法律であり、着目しているのは建築物の形態や建て方、材料、性能、環境などの物質的・技術的側面が主だ。新築の作り手側を向いた法律であり、住み手相互の関係や入居してからの生活にかかわる部分にはあえて踏み込むことを避けた節がある。

では、「住宅」を定義した法律はないのだろうか。

筆者の知る限りでは、「住宅」という言葉を法律で初めて定義したのは1999年に制定され翌年に施行された「住宅の品質確保促進等に関する法律（品確法）」だと思う。同法2条は、「この法律において「住宅」とは、人の居住の用に供する家屋又は家屋の部分（人の居住の用以外の用に供する家屋の部分との共用に供する部分を含む）をいう」と定めている。ここでも住み手相互の関係にかかわる言葉は一切なく、単に「人」といっているだけだ。

2006年まで8期40年にわたって日本の住宅政策と供給目標を示してきた住宅建設五箇年計画の根拠である「住宅建設計画法」（1966年制定）はどうか。五箇年計画の第1期は「1世帯1住宅の実現」を目標に掲げていたが、法律そのものは「住宅」を定義していなかった。

2006年制定の「住生活基本法」はどうだろうか。それまでの新築重視・持ち家取得促進・供給量拡大を旨とした住宅政策を人口減・少子高齢化社会に向けてストック重視に切り替えるきっかけとなるはずの法律だが、この法律にも「住宅」の定義は見当たらない。

「一つの世帯が独立して家庭生活を営むことができる」

品確法よりもはるか前から存在する「住宅」の公的な定義としては、住宅・土地統計調査（総務省統計局、1948年から1993年までは住宅統計調査）が挙げられる。住宅政策の基礎資料とするため5年ごとに実施される基幹調査であり、長期間のレンジで実情を比較できるようにするため、調査項目の内容や用語の定義はほぼ一定している。

この調査では「住宅」を「一戸建ての住宅やアパートのように完全に区画された建物の一部で、一つの世帯が独立して家庭生活を営むことができるように建築または改造されたもの」と定義している。「一つの世帯が独立して家庭生活を営むことができる」という、建築関連法規には全く登場してこない表現がここに登場する。「家庭生活」という言葉は「家族」を想起させ、「1世帯＝1住宅」「1家族＝1世帯」を強く意識していることが窺えるが、その意味についての解説はない。

一方で同調査の用語解説は、この「一つの世帯が独立して家庭生活を営むことができる」条件として、①一つ以上の居住室、②専用の炊事用流し、③専用のトイレ、④専用の出入口―の4つの設備を満たすことを挙げている。ここで注意したいのは、「できる」と言っているだけで、複数の世帯が一つの住宅に住むことを排除しているわけではないことだ。

「住宅」と密接にかかわる「世帯」も、あらためて考えるとよくわからない言葉だ。

現在の国勢調査は「世帯」を「一般世帯」と「施設等の世帯」に分けて集計している。「一般世帯」は1985（昭和60）年以降の調査で導入された概念で次のア～ウが該当する。

ア．住居と生計を共にしている人の集まり、または一戸を構えて住んでいる単身者（住み込みの雇人は人数に関係なく雇い主の世帯に含める）
イ．アの世帯と住居を共にし、別に生計を維持している間借りの単身者、また下宿屋などに下宿している単身者
ウ．会社・団体・商店・官公庁などの寄宿舎、独身寮などに居住している単身者

「施設等の世帯」は寮・寄宿舎の学生・生徒、病院・診療所の入院者（3か月以上入院）、老人ホームや児童保護施設などの入院者、自衛隊営舎内居住者などで、人ではなく建物や艦船などが世帯の単位になる。

ここから読み取れるのは「世帯」と「住宅」は1対1の関係ではなく、「家族」とも一致しないことだ。「家族」を強く意識している「一般世帯」のアは「住居」と「生計」の一致を条件としており、生計は一つでも別居していたり同じ住宅に住んでいても生計が別々だったりすれば、家族であっても「一つの世帯」とはみなされていない。

「貸しルーム」通知がみせた建築法制度のほころび

住宅の形態や構造に着目した建築法規の規制は、どのような関係にある人がそこに住むか、何世帯がそこに住むかをとくに問題にしてこなかった。規制をかけるうえで注目してきたのは住み手相互の関係や「世帯」の数ではなく、「住戸」の区画や構造、広さ、戸数だったからだ。ところが、二世帯住宅を皮切りに、1棟や1戸をシェアして複数の世帯が生活する形態が増え、実際には「1世帯＝1住宅」「1家族＝1世帯」を強く意識して運用されてきた法規制が実態にそぐわなくなってきている。古くからあったルームシェア、ホームシェアに加え、シェアハウスや設備共用アパート、コレクティブハウス、グループホーム、ゲストハウスなど、設備や生活の一部を共同化する「シェア居住」のパタンは多様化している。

国土交通省住宅局は2013年、特定行政庁を通じて「マンションの一住戸又は戸建住宅を改修して多人数の居住の用に供している建築物」などの立入調査や是正指導に乗り出し、9月6日付けで「事業者が入居者の募集を行い自ら管理などを行う建築物に複数者を居住させた貸しルームは、建基法の『寄宿舎』に当たる」という技術的助言を都道府県に通知した。

青豆ハウス

全8戸、3階建てでメゾネットタイプの賃貸住宅。共用の広いデッキと住戸間で視線を交わせる開口部の配置が特徴だ。管理者が居住しながら入居者同士の共同行事や地域住民との交流イベントを仕掛け、集まって住む楽しさを演出している。建基法上は木造3階の長屋建て住宅であり、「共同住宅」ではない。

特殊建築物である寄宿舎として扱われると、防火・避難や用途変更で厳しく規制されることになる。通知はシェアハウスやコレクティブハウス、グループホームなどの普及に水を差すのではないか、という懸念や波紋が関係者の間に広がった。入居者が共用の食堂を使って炊事を分担するなど生活の一部を共同化して主体的に「疑似家族」となることを選ぶこれらの住まい方は、既存住宅や空き家となった建物の再活用策としても期待されていたからだ。

通知は従来からの解釈を変更するものではない、とわざわざ断りを入れたうえで、「特定の居住者が就寝など居住する独立して区画された部分は建基法の一の『居室』に該当し、従前の用途や改修の有無にかかわらず、防火関係の規定などが適用される」、「例えば、従前の用途が住宅であり、その後、特段の改修を行わず『貸しルーム』として複数の者を居住させる場合も同様である」と記している。

一般住宅を寄宿舎として使うのは用途変更に当たるという指摘だが、通知は「特定の居住者」と「世帯」や「家族」の関係、事業者との関係にはまったく触れていない。たとえば、同じ部屋に蚕棚状態の三段ベッドで子どもが寝起きする子だくさん家庭の借家やホームシェアは対象となるのか、あいまいなままだ。多様化する住まい方のパタンを既存の規制に押し込めようとする限り、こうした齟齬は起こり得る。

新しい酒は新しい革袋に盛るほうがよい。「住宅」と「世帯」、「世帯」と「家

コレクティブハウス「スガモフラット」の居室内部

入居者が集まって炊事・食事するダイニングルームや共用の洗濯コーナーもあるが、各居室には台所と浴室、トイレを設けており、建基法上は「寄宿舎」ではなく「共同住宅」扱いになる。

族」が必ずしも一致するとは限らなくなった時代に、家族と疑似家族の住まいの間にあえて線を引いて規制をかけるのであれば、「住宅」をあらためて定義し直し、住み手の属性と規制の関係を明確にすべきではないか。もしも、それはできない、いまさらすべきではないというのであれば、住み手相互の関係性に踏み込むような建築規制そのものを設けるべきではないだろう。

「世帯」や「家族」といった住み手の主体性にかかわる部分を意図的に避けて積み上げられてきた建築関連法制度のほころびが、この「多人数の居住実態がある事業用貸しルーム」の通知には端的に表れているように思う。

第4章

生きる場所をつくるということ
―関係の総和としての主体性

あなたの家が正しく、自分に正直でふさわしいと意識していれば、そしてあなたがこの家で美しく生きているのであれば、あなたはもうこの家について思いわずらう必要がない。こうなれば家はあなたの行動の何の負担にもならないし、あなたの自尊心を傷つけもしないだろう。その家があなたがこうありたいと思う通りにあなたを生かしてくれるからである。　――*Frank Lloyd Wright*

Frank Lloyd Wright, *The Natural House*, 1954

木下 勇

主体性を求めて
——生きる場所をつくるということ

1・作られたものから作るものへ

高度消費社会ないし高度情報消費社会の今日において、住宅は商品のように、住み手はその消費者のようになってはいないかと、住まいの主体性をテーマに検討してきた。

しかし、過去、何度もこの点は議論されてきた歴史がある。たとえば西山夘三は次のようにいう。

社会の主人としての主体

「消費材の買い手・『消費者』としてでなく、『社会の主人』としての人々の、将来くりひろげられていくであろう豊かで好ましい生活の変化、労働とレクリェーションの社会的形態の変化に対応する本当に好ましい住生活とはどういうものだろうか」

（西山夘三、１９７８年）（注１）

モノとヒトとの弁証法的展開として、建築計画学は発展してきた。モノとヒトとの間の矛盾が住要求として表れるという捉え方は、高度経済成長期には有効であったであろうが、要求はほとんど満たされたかにみえる「豊かな時代」においては、事情が異なるようである。第1章で述べたように、高度消費社会においては記号論があてはまるごとく、記号の働きで消費が推進される。記号の海のなかに主体性は埋没する。豊かさと主体性は逆比例という仮説が成り立つかのようである。しかし、少なくとも、「住まい」においてはそうであってはならないだろうと考える。では、どのように考えたらよいであろうか。

「夢想する住まい」の主体

「実際の私の家屋では、私は住まうことの自由をだましとられている。われわれはいつも、どこか他の場所について夢想することをさまたげられないようにしておく必要がある」

（バシュラール、１９５７）（注２）

注１
西山夘三『住み方の記』筑摩書房、１９７８年、３０２頁
注２
ボルノウ，Ｏ・Ｆ・（１９６３年）、大塚恵一・池川健司・中村浩平訳『人間と空間』せりか書房、１９７８年、３３０頁より。なお、この部分はバシュラール，Ｇ（１９５７年）、岩村行雄訳『空間の詩学』思潮社、１９６９年、98頁にあるが、訳のわかりやすい前者による。

バシュラールのように現象学的還元から考えていくアプローチもあろう。いったん、立ち止まって、私達は自分のなかで湧き上がる感情（feeling）から組み立て直してみる。大きな流れに流され、溺れるのではなく、自ら泳ぎ出す、そんな主体性も求められるのではないかとも考える。

「作られたものから作るものへ」

「現実にあるものは何処までも決定せられたものとして有でありながら、**それはまた何処までも作られたものとして、変じ行くものであり、亡び行くものである**、有即無ということができる」

（西田幾多郎、1939年、太字は木下、以下同様）（注3）

そのように「住まい」の主体性を考えて、西田の「作られたものから作るものへ」に飛びついたが、このテキストはそう簡単ではない。福井一光氏は次のように解説をしてくれた。

「真実の他者と真実の自己が成り立つ場所、西田が西洋近代の人間主体から物を見る論理を転換させて、主観・客観そのものが生まれてくる以前の最も根本的な場所から物を見ようと、考えようとし始める端緒がここにあるわけであります……西田の場所的論理は弁証論理であること

注3
西田幾多郎、「思想」3月号（岩波書店発行、1939年）に掲載。また、「西田幾多郎哲学論集Ⅲ」）（岩波書店、1989年）に所収。青空文庫に公開されている（http://www.aozora.gr.jp/cards/000182/files/1755.html）。

は間違いないんですけれども、ヘーゲルの弁証論理とは全く逆転した弁証法と言わなければなりません。ですから、西田が作られた物といえば、実はこの**絶対無から作られた私たちが物となって考え、物となって行い、物となって直観し、物となって行為する。**やや通俗的に言えば、自分の根源の自然の息吹を自分自身に一心に抱き込んで、その呼吸法に従って自然を直観し、**自然に行為的にかかわる。そうした絶対無の場所に浮遊する人間のありようを考えること**になるわけであります。

逆に言えば、絶対無の場所は、**作られた物と作る物とが絶対矛盾的に自己同一する働きを内実とすることによって真にクリエイティブな創造的な場所と**なっていく……

物が我をそそのかすのである。我々を動かすのである。**物が我となり、我が物となる。**しかも、それが主客合一の作用として、無限に自己自身を限定していくのである」

（福井一光、住総研による「住まいの主体性」委員会の勉強会にて）

西田が下記に述べるごとく、「作るものへ」は自己形成を意味する。

「絶対矛盾的自己同一として作られたものから作るものへという世界は、**一つの矛盾的自己同一的現在として自己自身を形成し行く世界**でなければならない」

（西田、１９３９年）（前掲、注３）

自己形成、自己同一というと、われわれは青年期の自我形成期を連想する。もちろん、西田のいう意味は異なるが、自己同一性はエリクソンのアイデンティティの訳語として用いられているので、まったく無関係ではない。つまり、われわれが青年期のみに自我形成、自己形成を限定して考えるところにズレがあるのだろう。もちろん、青年期、とりわけ思春期というときの、アイデンティティ・クライシス（危機）がアイデンティティを強く考える動機となるのだが、成人した大人においても無縁なことではない。アイデンティティを突き詰めるとわれわれはいったいどこから来て、どこへ行くのかという哲学的命題につながる。「住まいの主体性」を考えることはそんな哲学的命題を物としての空間との関係で捉えようとする試みでもある。

「世界は絶対矛盾的自己同一として、自己自身を越えたものにおいて自己同一を有（も）ち、我々は超越的一者に対することによって個物なるが故に、我々は個物的なればなるほど、現実から現実へと動き行きながら、いつもこの現実の世界を越えて、反省的であり、思惟的であるのである。**世界が自己自身を越えたものにおいて自己同一を有つという時世界は表現的である、我々はかかる世界の個物として表現作用的である**」

（西田、1939年）（前掲、注3）

西田は、このように「作るもの」としての行為を表現作用的とか、また別なテキストではポイエシス（製作、詩作）と表現している。

「我々の生物的身体というものが歴史的生命として既に技術的である。アリストテレスのいう如く、**身体的発展は自然のポイエシスである。しかし我々の社会的生命において、それが真に技術的となる。**我々の身体は歴史的身体的と考えられる。かかる立場から、我々の歴史的生命は何処までも技術的といい得るであろう。しかしまた逆に**歴史的生命が技術的ということは、矛盾的自己同一的に、何処までもイデヤ的形成的ということでなければならない。**故に種的形成からイデヤ的形成に発展する。**かかる意味においてのみ、特殊が即一般**といい得るのである」（西田、1939年）（前掲、注3）

つまり、プラトンのいうイデア界とアリストテレスのいう実践（プラクシス）の場の現実界を、デカルト的に対立させるのではなく、弁証法的かつ東洋思想的に、絶対矛盾的自己同一として統合する。それがわれわれの主体性契機となるのではないだろうか。そんなふうに私は西田のテキストを解釈する。

2・主観と間主観性と主体性

辞書の説明では言葉の多重的意味において主観と主体は重合する部分がある。だが上記のように西田は、歴史的かつ身体的文脈において主体を提起する。また西山が「社会の主人」と表現するように、「強い思想と行動規範に支えられた『運動体』である」にもなり得るともいえる。ハーバーマスのコミュニケーション的行為論からいうような、フッサールの提起した間主観性ではなく、間の言葉や表現（ハーバーマスはそれをルール、ドラマトゥルギー、言葉の3類型で説明）のコミュニケーションによる諒解に基づく合意によって、社会に行動する主体形成（注4）ともなり得る。西田も「社会的生命」という表現を用いているところにも通じよう。

「ミツバチの会議」（シーリー、２０１３年）（注5）のように、この指止まれ式にアッピールして理解者を増やしていく民主的プロセスを人間はミツバチ以上に行うことができるのか。ドイツはじめ西欧における、組合方式の住宅建設はミツバチの分蜂のように、新しい集住の形式を生み出している。環境問題や少子高齢化などの社会問題解決に向けた、社会の主人としての主体的な住まいづくりが日本で展開する可能性はあるだろうか。

注4
ハーバーマス，Ｊ（１８９１）、河上倫逸・藤沢賢一郎・丸山高志他訳『コミュニケーション的行為の理論』上・中・下、１９８５～１９８７、未来社

注5
シーリー，トーマス・Ｄ、片岡夏実訳『ミツバチの会議―なぜ常に最良の意思決定ができるのか』築地書館、２０１３年

３・空間の生産

ルフェーヴルは、空間は在るのではなく社会によって生産されるという前提に立つ。彼にとって現代社会における「都市」の意義は、「空間の生産」概念を投企することで統合として見い出される「作品」（œuvre）にあると示唆する。美的に発現する「作品」としての都市は、構想力を喚起させる思考実践として解釈されるものである。そこで彼は次の三段階の空間概念を提起した（Lefebvre

1974年）(注6)。

1．空間的実践……これは生産と再生産を、そしてそれぞれの社会構成帯を特徴づける特定の場所と空間配置を含んでいる。空間実践は、連続性とある程度の統合を保証する。この統合は社会空間に関するもの、およびこの空間とある社会の各成員との関係に関するものについて、保証された水準の権限と特殊な水準の能力とを同時に含んでいる。

2．空間の表象……これは生産諸関係が課する「秩序」に、したがって認識、記号、規範、さらには「正面切っての」諸関係に結びつけられている。

3．表象の空間……これは複合的な象徴関係（それは規範形成をともなうことも、ともなわないこともある）において具体的に表現される。これは社会生活の闇の、地下の側面とも、また芸術とも、結びついている。芸術は、ときには空間の規範としてではなく、表象の空間の規範として定義することができる。

空間の表象は、まさにボードリヤールが提起したような高度消費社会によって生産された記号の海、コピーのコピー、鏡像の鏡像のシミュラークルと類似した都市空間か、またそれはレルフ(注7)が提起した没場所性（Placelessness）と通じるものであろうか。たとえば、レルフがいうようなテクニーク、つまり建築家らの「視覚の絶対的有意性」の技術をもって「読解可能なものの支配」する空間を創り上げるということであろうか？　それに対して、表象の空間は思考実験であり、『都市の

注6
ルフェーベル，H（1974）、斎藤日出次訳『空間の生産』青木書店、2000年
注7
レルフ，エドワード（1976）、高野・阿部・石山訳『場所の現象学』筑摩書房、1991年

権利』（注8）で記述したように頼りとする点はアートや遊びにある。つまり人間が主体的に戻りうる現象学的還元を行いうる仕掛けに救いを求めるようなものであろうか。それとも、市民運動に求めるのか、またはそれは対立するものではなく統合した、ポイエシスとなるのか、その点も「住まいの主体性」を考える課題ともなろう。

4・関係性の主体

内山節氏は、群馬県の上野村に住みながらの、現場感覚で哲学を語る、今日ではきわめて異色の哲学者である。しかし日本のかつての農山漁村には、その土地に立脚した哲学者が地方には存在していた。安藤昌益、二宮尊徳、そして宮沢賢治という名のある人たち以外に、地方にはその暮らしをどう考え、どういう方向に進むべきかを真剣に考えていた、歴史上には無名であるが、地方の暮らしの向上に寄与した偉人たちがいて、その蓄積のうえに今の生活がある。

内山氏は上野村での暮らしから、村が死者とともに今の生活を考える死生観があることを紹介している（注9）。そのようにみたときに、われわれが死というものと向き合うときに、何か安堵する救いのようなものを感じる。西田がいう絶対矛盾は生と死であり、その対立をいかに克服するかは、絶対矛盾的自己同一という死を不安なく迎え入れる悟りのような境地とも受け止められるが、哲学

注8
ルフェーヴル，H、森本和夫訳『都市への権利』筑摩書房、1969年

注9
内山節『文明の災禍』新潮新書、2011年

注10
内山節＋21世紀社会デザインセンター『内山節のローカリズム原論―新しい共同体をデザインする』農文協、2012年

の本質の部分でもある。

内山氏は西洋の哲学が、神が主体から、神なき主体となり、主体が漂流している今日的状況を読み取り、主体を明示する代替的な方法として、関係における存在をいう(注10)。個としての主体は消失し、または説明できず、私たちは関係のなかで主体を発揮できるということである。

シェアハウスにおける疑似家族、被災地において「つくる」何かに自己を重ねて住み着くボランティア、古民家のリノベ、そのほか、現在起こっている「おや?」という事象において、「つくる」や「関係」が通底するところにみられる点、ある希望にもつながるものであろう。

特別寄稿

西田哲学理解の手がかり

――「作られたものから作るものへ」をめぐって

福井一光

西田幾多郎の哲学について

「作られたものから作るものへ」は、西田幾多郎がしきりに歴史とか社会、表現とか技術、あるいは「ポイエシス（制作）」といった、総じて「歴史的形成の問題」に取り組んだ頃に活用したキーワードの一つでありました。

ただ、こういった表現も、西田が辿り着き、彼の思想を支えることになる「場所的論理」というものを背景に語られているものでありまして、その構造と意図を十分に読み取っておきませんと、西田が一体何を言いたがっているのか、その真相をいま一歩摑み切れずに終わってしまうように思われます。

因みに、この「場所的論理」というのは、西田中期の『働くものから見るものへ』の後編をなす「働くもの」及び「場所」、あるいは『一般者の自覚的体系』及び『無の自覚的限定』、そして『哲学の根本問題（正・続）』辺りより、後期の『場所的論理と宗教的世界観』に至るまでの西田の思索の根本論理となっていったものです。

そこで、まずは「場所的論理」の構造と意図を詳らかにするところから議論をスタートさせなくてはならないと考えますが、しかしその話題に入る前に、この「場所的論理」を的確に理解するためにも、もう一歩フィードバックして、西田が批判的に乗り越えようとしたヘーゲルの「弁証法」、つまり「弁証論理」を理解することから始めなければならないと思います。

ヘーゲルの「弁証論理」

ところで、「論理」には、必ず「現実的根拠」というものがありまして、例えば「形式論理」という論理は、「推論」という私たちの現実の行為を前提にして、この過程を学問的に精錬して作り上げられた論理なのであります。これに対して、カントが展開した有名な論理に「先験論理」という論理がありますが、これは、人間が自然を認識しようとする時にもたなくてはいけない、自分の認識行為に対して反省的に加える哲学的判断を内容としたものなのであります。その内容がどういうものかということについては、ここでは省略しますが、この当のヘーゲルの弁証論理の現実的根拠は何かといえば、私たちが行う「経験（Erfahrung）」というものを基礎として考えられた論理と言って間違いないように思います。

ヘーゲルは、まず人間が動物と同じように自然状態に埋没し、自然と未分化にある状態を、未だ精神が芽生えていない状態という意味で「没精神的な状態」と呼びました。それは、自然に即して人間がある状態、あるいは人間が即自然と未分化の状態という意味で「an sich（即自態）」とも言っております。

しかし、人間は、いつまでも没精神的な自然状態に止まるわけではありません。人間には放っておいても自然に湧き起こってくる欲望というものがありますが、しかし人間は、そうした「内なる自然性」を我慢する力をもっています。また、人間は、動物のように自然の驚異に対して単なる「棲み分け」で対応するのではなく、住居をつくり、火を使い、土地を耕作する力をもっています。つまり、人間は、内なる自然・外なる自然に拘束されない「自由の可能性」をもっているわけです。ですから、動物は、永遠にゲネシス、つまり発生・変化、せいぜい進化の世界に止まる他ないわけでありますが、人間は、ポイエシス、制作の世界に生きることが出来るわけであります。こうして、自然状態から私たちは身を引いて、自然状態に対して立つ、逆に言えば、自分に対して自然を向こうにおく状態に立てるわけで、人間は、一歩自然状態から超出することが出来るわけです。ヘーゲルは、これを「für sich（対自態）」と言いました。このことは、とりもなおさず自然と人間が否定的に距離をとり、その間に「矛盾・葛藤・対立」が生じる状態といってもいいでしょう。

この過程を、何でもいいのですが、今「机」の制作ということを例にとって、段階的にお話ししていきたいと思います。人間が没精神的な状態にあるところでは、「即自態（an sich）」としての自然一般があるばかりでありましょう。そこには机など影も形も未だないわけです。しかし、人間は、動物と同じように自然状態に止まるだけでなく、机があったら便利だな、椅子があったらいいなと、何かを構想し始めるわけです。つまり、精神が芽生え始め、何かを考えついたり、更に作ってみようとし始めるわけです。そこに、自己に対して事物を向こうにしっかりとおく状態、即ち「対自態（für sich）」が出現するわけであります。

この時、人間の精神の中に芽生えたモヤモヤとした思いを実現するためには、第一には目の前の事物をしっかりと認識する必要があるわけですが、それだけでなく、この認識を何らか行為に結びつけていかなくてはなりません。人間は、こうした活動によって、今までにない「新しい事実」、机だったら机という物を生み出すわけです。

この事実を、ヘーゲルは、一方、即自的にあった自然状態、換言すれば、目の前の事柄が「止揚（Aufheben）」された結果だと言いました。彼は、ドイツ語の「Aufheben」には「止める・保つ・揚げる」という三つの異なる要素が込められていると言います。つまり、机がここに現に存在するためには、自然状態は一旦停止されていなくてはいけないわけです。何故なら、机は自然状態にはなかったものですから。しかし、自然を全く無にしていたら、机なんかは生まれてきはしません。木を伐り出し、場合によると石を加工しない限り、机にはならないわけです。その意味で、事柄は保存されていなければなりません。しかし、単に直接的な自然状態のままでは机は生まれてきません。別の形に引き揚げられていなければならないわけです。その意味で人間の創造は、「無からの創造」ではなく、素材を必要とする「有からの創造」といってもいいでしょう。

しかし、他方で、ヘーゲルは、この事実は自然からだけで出来上がっているわけではなく、自分の中のさまざまな構想や行為が表出した姿だと言いました。つまり、生み出された新しい事実は、精神の「自己外化（sich entäußern）」だと言いました。それは、モヤモヤと形無くうごめいていた精神が具体的な物という象《かたど》りをとって現れてきたということで、「精神の物象化」、即ち「精神の現象」した姿だと。勿論、この事実は、精神の自己外化であるとしても、だからといって、そこにあるのはやっぱり木造や石造であるわけで、木や石が人間の精神のように口をパクパク開くわけでなく、明らかに作者自身、人間自身ではありません。ですから、彼は、新しい事実は精神の表出した姿であっても、当の精神自身からは離反してしまった精神、難しく言うと「自己疎外した精神（der sich entfremdete Geist）」であると言ったわけです。

何れにしても、この生み出された新しい事実は、一方物質と他方精神という全く異なるものが相互に貫入し合った「矛盾的自己同一」において初めて成り立つ「即自且対自態（an und für sich）」としてあるということになるわけであります。

しかし、人間の経験は、一度で終わるわけではありません。生み出された事実を必ず反省するところにこそ、人間の人間たる所以があるわけです。人間は、生み出された机を前に、例えば「引き出し」があったらよさそうだ、あるいは「足をかける所」がと、あれこれ反省し始めるのでありま す。勿論、その反省は、直接的には目の前の事実の反省という形で起こるのでしょう。しかし、実は間接的には人間は、それを通して、自分の構想や行為を反省しているということになる。何故なら、事実とは、人間の精神が外化した結果としてあるものなのですから。ですから、目の前の物を反省するということは、その物を生み出した心を反省していることに他ならないわけです。むしろ、人間は、何もしないで自らを自覚出来るものではいささかもないのであって、自己を自覚するためには、物に関わりつつ自己を外化し、直接的な自己ならざる他者になる必要があるということなのです。こうした経験を通じてこそ、人間は、自己自身を形作っていくことが出来るのです。精神は、精神の自己疎外を媒介して精神の自己形成を実現することが出来るわけで、そこにヘーゲル弁証法の特徴があるということが出来ましょう。

こう考えてみますと、作品をつくるのは作者ばかりではありません。作者もまた作品によって作られる存在なのです。と同時に、自然は、人間がこれと対決することの中でのみ本来の姿を現わしてくるのであり、その本質が理解されるのであって、このような運動の中で自らの可能性を露見させていくのです。ちょうど、人間が鉄を加工し、鉄器として使う過程を通じて、青銅とは異なる鉄の本質が一層顕わになっていくように。これが、ヘーゲルの弁証論理の構造であるわけですが、彼は、こうした経験を、個人のみならず、歴史や社会を含めた人類全体の経験を叙述し、壮大な「精神の現象学（Phänomenologie des Geistes）」を組織したのでありました。

ヘーゲル弁証法の限界

しかし、ヘーゲルによって精緻に体系化されたと思えた弁証法は、その完成形の中に、却って限界を、従って新しい問題を垣間見せ始めるのであります。そのポイントは、一つはヘーゲルにとって一切の存在は、精神が自分自身を自覚するために生み出した、精神に内包される内在的契機にすぎないものになってしまう、そこにおいて本当の意味で他者が積極的にリアリティーをもって定立し得なくなっていってしまうという問題であります。言いかえれば、個々の存在とその行為は、より大きな、またより高い精神の自覚のための素材でしかありません。簡単に言うと、上から目線でしか他者を見ないということです。例えば、明治維新が完成するためには戊辰戦争、函館戦争では足りないのであって、西南戦争も必要だった、だから西郷さんはじめ西南戦争で死んだ人たちは仕方がないんだよ、明治新政府というより大きな、またより高い主体から見れば、そこで死んだ者の生死であるとか、葛藤であるとか、苦悶であるとかは、あるべくしてあった歴史形成の肥やしにすぎない。しかし、もしそういう視点でばかりで他者を見るのだとすれば、一人ひとりの人間の存在意味や存在価値の掛け替えのなさは、どういうことになっていってしまうのだろう、そのリアリティーは、弁証法的発展史観の中で雲散霧消してしまってもいいものだろうか、それで本当に他者のリアリティーを摑まえたことになるのだろうか、こういった疑問であります。つまり、即自且対自態としてある、より高い精神の主体から見ると、対自態も即自態も自分の形成と自覚のための素材、内在的モメント、単なるエピソードでしかないわけであります。また、もう一つは、そうであればこそ、ヘーゲルの世界理解は、自我の発展・拡大の運動でしかない。精神という主体は、他者を自分の生きる食材として、自分自身は一層大きな自我として太って成長を遂げていく、あるいは他者が精神の自覚の素材として消費されていったとしても、精神自身は、何ら傷つくことなく、むしろそれを栄養価に成長を遂げていく、こういった批判であります。こうして、ヘーゲル弁証法は、全ての存在と行為を精神の主体から見、精神の意識に基づいて配置するという意味において、西洋の近代主義的発想を与うる限り拡張した思想であったといえようかと思います。

西田幾多郎の「場所的論理」

ようやく西田哲学の場所的論理へのとば口まで来ました。つまり、西田の問題意識は、一方において真の意味での他者性は自分の自己意識の中に包摂されてしまうものではなく、むしろ他者を在るがままの他者として認め、他者のリアリティーを本当の意味で受け止める、引き受けるところに見出せるはずではないのか、そのためには自己の精神から他者を解放しなければならないし、また他方においてそうするためには、自己もまた自己を離脱して、やや仏教的な言い方ですが、自己を空無化しなければいけないということになる。逆に言えば、デカルトの「我思う、故に我あり。(Cogito ergo sum.)」に代表されるように、近代の主流の思想は、人間理性を天から降ってきた主体のように自明の如く措定し、科学などはその典型だと思いますが、それを確たる起点にして、そこから全てを考え始め、秩序づけ、そうであるが故にこの理性によって作り出した秩序にアダプトする方向で文明を形成しようとするわけですが、むしろ人間理性そのものが成立してくるその根拠から問い直さなければならないのではないか、西田はそう考えようとするのです。

しかし、そうなるとヘーゲルのように他者を食みつつ自己増殖を図っていく、いわば「大我の哲学」ではなく、真実の他者と真実の自己がリアリティーをもって邂逅する「無我の哲学」を基礎としなければならない。無我に立つことによって、初めて真実のリアリティーを受けとめることが出来るのではないか。真実の他者と真実の自己が成り立つ場所、西田が西洋近代の人間主体から物を見る論理を転換させて、主観・客観そのものが生まれてくる遥か以前の最も根本的な場所から見ようと考え始める端緒がここにあるわけであります。ここここそ、一切の諸力が発出してくる根源的な「場所」ではないかと西田は考えるのです。

この発想は、西田の初期から後期にかけて一貫しておりまして、西田の処女作であり最も有名な『善の研究』は、次の言葉から始まります。「経験するというのは事実其儘に知るの意である。全く自己の細工を棄てて、事実に従うて知るのである。純粋というのは、普通に経験と言って居る者もその実は何らかの思想を交えて居るから、毫《すこし》も思慮分別を加えない、真に経験其儘《そのまま》の状態をいふのである」。

京都学派の泰斗《たいと》・西田幾多郎と田辺元の愛弟子であり、事実その講座を継承した高山岩男が、自然を超出した、より高い精神の主体から物を見たり、考えようとするのではなく、西田が晩年「物となって考え、物となって行う」ということを力説したことを紹介していますが、西田自身もこう言っています。「私はいつも同じ問題を繰り返し論じて居ると云はれるが、『善の研究』以来、私の目的は、何處までも直接的な、最も根本的な立場から物を見、物を考へようと云うにあった」と。その意味で西田の問題意識は終始一貫しているわけですが、それは、まず自分があって、この自分の自己意識の中に他者を取り込み包摂する見方、考え方ではなくて、自分自身が「物となって考え、物となって行う」、そういう物の捉え方を「我がもの化」するということなのです。

「作られたものから作るものへ」

ということになりますと、ヘーゲルのように、結局自己の中に全てを包含する弁証論理ではなく、一切を自己の主体から解放して、自己も他者もそこから生まれ、そこに成り立ち、そこへと帰っていく無の場所、有との対概念としての「相対無」ではなく、有無それ自体を含んで成り立ち、有無を生み出す、西田の言う「絶対無の場所」を背景とした論理ということにならなければならないという考え方になるわけです。

そしてまた、そこで出会う自己と他者は、主体が客体を包み主体の中に包摂するという論理ではなく、相互に全く違った存在である「裸の他者」と「裸の自己」が絶対に異なるその他者と自己のままで相まみえる「絶対矛盾的自己同一」ということになる。こうして、西田の場所的論理は弁証論理であることは間違いないのですが、ヘーゲルの弁証論理とは全く視点を逆転した弁証法と言わなければなりません。ですから、西田が「作られたもの」という場合、この絶対無から作られた私たちが「物となって考え、物となって行う」、「物となって直観し、物となって行為する」、やや通俗的に言えば、自分の根源の自然の息吹を自分自身に一身に抱き込んで、その呼吸法に従って自然を直観し、自然に行為的に関わる、そうした絶対無の場所に浮遊する人間の在り様を考えることになるわけであります。逆に言えば、絶対無の場所は、そのような働きを内に抱えもつことによって真に創造的な場所となっていく、そう言ってもいいかもしれません。西田が、額にあぶら汗して思索に没頭すると同時に、生涯坐禅に打ち込んだ理由もまた、そこにあるように思います。

このような場所的論理の内実を満たすものとして西田が強調した具体的な人間の在り様、また生き方、行動の仕方、それを哲学化したものが「行為的直観」という自己の働きなのでありました。この行為的直観とは、如何にも西田らしい表現でありますが、彼は、これを芸術的創作活動を模範としながら説明します。「芸術的創作作用においては、我々は概念的に物を構成するのではない。又単に受動的に物を模倣するのでもない。物が我を唆《そそのか》すのである、我々を動かすのである。物が我となり、我が物となる。而もそれが主客合一の作用として、無限に自己自身を限定して行くのである」。西田にとって真のポイエシスとは、物を受け取る直観と物を作り上げる行為とが、言い換えれば物に触発される直観と物に介入する行為とが一致し、絶対無の場所そのものの運動となって働く境地に成り立つものでありました。物の制作を考えるのはヘーゲルも変わりないのですが、制作への西田の眼差しはまるで違っていると言わなければなりません。

これは私見にすぎませんが、私は、若い頃、フィレンツェのアカデミア美術館でミケランジェロの「囚人」という未完成の作品を見た時、ある衝撃を受けたことがありました。それは、その作品が未完成の故に、完成品とは違って、かえって制作過程の動きが見えて一層迫力があり、これはミケランジェロが作っているのではない、大理石という物がミケランジェロの手を動かし、ミケランジェロの手を通じて自《おの》ずから像として立ち現れてくるのだという印象でした。そういった制作と作品の関係から、西田の「行為的直観」をイメージしても、許されるのかも知れません。

西田の「ポイエシス（制作）論」に対して、先の高山はこう言っています。「制作を単に物の制作に限らず、寧ろ狭く物の制作から解放して、広く世界そのものの本性に拡張することを要求するであろう。　―中略―　このことは、ポイエシスを深く世界の根柢から理解することであり　―中略―　創造の世界性は世界の創造と一つである」と。『中庸』に「天地の化育を知り、天地の化育を賛く」とありますが、同様の趣旨といってもよいのではないでしょうか。つまり、天地自然が、万物を生み育てる様子を熟知して、天地自然が万物を生み育てる活動を翼賛するという意味です。さらに、高山はこう続けます。「かくて我々の行為は全て世界の深き根柢から、世界の創造的な制作の活動から起きるのである。行為は、普通考えられるように、自己から起きるのではなく、自己がそこに於てあり、自己がその成員たる世界から起きるのである。或は単に世界から起きるというべきでなく、世界と共に起きるというべきであろう」。

私たちがポイエーティクに「作るためには」、人間とその営為は絶対無によって「作られたもの」であるという自覚を基礎にしなければならない。作る働きは、作られた働きに促されるものでなければならない。その自覚を喪失した人間の営為と制作物は、最終的には破綻を余儀なくされることになろう。とすると、真の主体は、自己にあると考えるべきではなく、自己を支える場所にあると考えるべきではないのか、それこそが「根源的主体性」と言えるものではないのか、近代及び近代人が絶対の信頼を置いた人間主体の危うさと、それによって構築された文明の危うさが顕在化してきている現在、「物となって考え、物となって行う」とは一体どういうことなのか。それを問うことから、西田幾多郎の言う「作られたものから作るものへ」の思想の本質が見えてくるように思います。

福井 一光（学校法人鎌倉女子大学理事長・学長）
バーゼル大学大学院哲学・歴史学科博士課程修了（哲学博士）。比較思想学会理事、日本ヤスパース協会理事、オーストリア・ヤスパース協会学術顧問、インターカルチャー哲学会会員。
著書として、『哲学と現代の諸問題』（北樹出版）、『ヒューマニズムの時代』（未來社）ほか、訳書として、ヤスパース著『大学の理念』（理想社）、クローナー著『自由と恩寵』（教文館）ほか、著書・翻訳書など多数。

特別寄稿

人間の存在と関係

内山 節

はじめに

私自身は二軒の家を往復しながら暮らしている。群馬県の山村、上野村の家と東京の家。私の本拠地は上野村の方であるが、用事がなければ村の家に帰るという生活を続けてきた。同じ「家」という言葉を使っているが、この二軒の家の性格はあまりにも違う。東京の家は交通の便のよいところにあるマンションで、ここは基本的に家族だけの家である。「個」で自己完結している家だといってもよい。ところが上野村の家はそうではない。

村の家は、まず第一に、自然とともに存在している。家のなかには人間以外のものも暮らしていて、たとえば縁の下で狸が暮らしていたり、天井裏でムササビが暮らしていたときもある。蜘蛛やさまざまな虫たちもこの家では暮らしているし、鳥が家のなかを飛んでいったり、山からヤマアカネズミや姫ネズミが駆け下りてきて遊びに来ることもある。家のなかまで入ってこなくても、庭にもさまざまな生きものたちがやってくる。それだけではなく庭は我が家の裏山とつながっていて、家の下には畑も存在している。村の家はそれらすべてと一体になっているから、その全体が自然と人間の世界なのである。

第二に、村の家は村人たちに開放されている。そこは私の暮らす家であるとともに人々が訪れ、ときに宿泊していく場所でもある。とともに、第三に、村の家は村の歴史や文化と結ばれている。過去の人たちの築いたものが現在の暮らしを支え、祭りや村の行事とともに家ある。第四に、村の家は畑や庭、山をふくめて仕事場であり、生活の場であり、共同体の一部である。すなわちそれは、「個」が自己完結する場所ではない。

だから村にいるときは、私は村という関係の世界のなかに自己を存在させている。ところが東京の家にいるときは、私もまた一般的な都市の人たちと同じように、自分、あるいは自分の家族だけの世界で家のなかの暮らしをつくりだしている。

日本における主体性の意味

現代世界は、個人を軸にした世界として成立している。その出発点は中世ヨーロッパにおいて、人間の存在を神と個人の関係としてとらえる発想が定着したことにあった。ヨーロッパではこの意味において人間は個人であった。ただしその個人は神との関係だけは保持していたが、近代に入ると社会思想から神は消去されるようになる。こうして誕生したのが近代的個人であった。とともに近代世界は、人間を国民という個人に分解し、その個人を国家が一元管理する国民国家のかたちをつくりだし、社会としては個人を基盤にした市民社会を、経済としては個人としての労働者や消費者を軸にした経済体制を形成していく。こうして近代的個人が社会システムの基盤として存在するようになった。

この考え方は日本では、明治以降に導入されてくるが、それが広く社会化されたのは戦後であったといってもよい。それまでは伝統的な考え方と「外来の思想」とが不調和を起こしながら共存していた。

明治になると、西洋の考え方が日本にも伝えられるようになるが、そこで重要な役割を果したのが「翻訳語」の開発であった。翻訳語が開発されたがゆえに、日本では誰もが日本語で海外の文献を読めるようになった。ところがこの作業は楽なものではなかった。なぜなら欧米にはあっても日本にはない単語が数多く存在したからである。その結果新しく、翻訳するための単語がつくられていくことになる。

自然もそのひとつだった。伝統的な日本には自然と人間を峻別する考え方がなかったのだから、「自然」というとらえ方も成立してはいなかった。社会もそうだった。この世界を人間の社会としてとらえる発想はなかったのである。もちろん個人もこのときの翻訳語だ。これだけをみても、それまでの日本の人間たちは、自然も社会も個人も近代的な意味では存在しない世界のなかで生きていたのである。とすると彼らはどんなふうに、自分たちの生きる世界をつかんでいたのだろうか。それは「縁」によって結ばれた世界である。たとえば欧米の社会観が生きている人間だけの社会として成立しているのに対して、日本の伝統的な社会観は、あえて社会観という言葉を使っておけば、自然と生者と死者が結びあうなかに成立していた。だからこれも翻訳語である主体的という言葉を使ったときでも、主体的とは個人のものではなく、自己を存在させる関係に対して「おのずから」であることが主体的だったのである。関係のなかに「おのずから」なるものを発見し、そこにおける自己の役割を発見する。それが主体的ということであった。

幸せな関係性

だから伝統的な日本の家屋は、「おのずから」なるものと対立しないようにつくられていたのである。人が暮らし、人々が訪れ、自然と対立しない世界がそこにはあった。神仏が祀られ、お盆には先祖が帰ってくる。そういうつながりの世界のなかに家も存在していた。生活と仕事、接客が展開するのも、かつては家の「おのずから」な姿だった。

とともにかつての家は、継承が前提になっていた。多くの場合は自分の子どもたちであったが、人々はときに養子をとっても家の継承者をつくりだした。過去から現在、未来へと受け継がれていくことも、この世界の「おのずから」のあり方だと考えられていたのである。

今日の日本の都市の家は、「個」が自己完結型の暮らしをする場としてつくられている。自然を遮断し、人々が訪れることもほとんどない。「資産」の相続者はいても、営みを継承していく人もいなくなった。そういうものとして現代的な住居が生まれた。

そうなってくると「喜び」という言葉の意味も変わってくる。かつて人々が関係のなかに自分は存在しているとき感じていたときは、「喜び」もまた関係とともにあった。自然の様子のなかに「喜び」があり、田畑の作物や人々の姿のなかに「喜び」があった。他者との関係のなかにそれはあったのである。

ところが個人の時代になると様子は変わってくる。たとえば家を建てたとしよう。そこには家族たちのうれしそうな姿があったとしよう。このとき私たちは何に「喜ん」でいるのか。一番大きな「喜び」はついに家を建て、家族たちにまずまずの生活を提供できた自分自身に、である。それを実現できた自分自身に満足しているのである。あるいは持ち家をもたない生活は不安を生みだすから、その不安から逃れるために家がほしくなる。高度成長期の日本には、家を持つことが一人前の人間とみなされる風潮もあったから、持ち家は一人前の人間としての自己表現でもあった。そしてそれらに共通していることは、家の所有がそれを実現できた自分への自己評価であれ、不安の解消、一人前の人間としての自己表現であれ、自分のための家だということである。こうして家は、個人、あるいはこの心情を共有する家族だけのものになった。

ところがそのことによって人々が幸せになったのかといえば、必ずしもそうではない。なぜなら幸せは個人で実現できるものではないからである。たとえば自然のなかにいれば幸せだという人がいたとしよう。私などは釣りをしていれば幸せを感じる人間である。ところがこのようなケースでさえ、幸せは個人だけで成り立っているものではなく、自然との関係や川との関係で生まれている。幸せは幸せを感じられる関係のなかにある。

だからこのような関係が生まれないと、いくら所有物を多くしても、いくらお金があっても幸せではないということが生じる。この場合でも、物やお金が幸せを感じられる関係をつくりだしていなければ、幸せは生まれない。

多層的コミュニティ

個人の社会がつくりだすものは、不安と自己満足でしかないと私は思っている。だがこの不安と自己満足をエネルギーにして、人間たちに勤勉と消費をうながしながら発展してきたのが資本主義でもある。だからそれはたえざる経済的豊かさとともにあった。より多くの経済的価値をつくりだし、より多くの消費をしていく。そのことによって不安を解消しながら、自己満足できる自己をつくりだしていく。私たちはこのシステムのなかに飲み込まれ、しかし、にもかかわらず、それに飲み込まれていたのでは不安は解消されない。なぜなら不安は人々を経済発展へと向かわせる基盤だからである。そしてそれが現代社会の姿でもある。個人の社会がもたらす不安は巷にあふれ、都市の人々の孤独も大きなものになってきた。そのことが逆に、今日の「コミュニティの時代」を生みだしてもいる。

二十一世紀における社会デザインの理論は、ひとつの方向に集約されてきたようにみえる。関係性の創造、コミュニティの創出、結び合う社会の形成。そのことを基盤において社会デザインを考える。それが今日の方向性だといってもよい。

だがそう考えるようになったとき、大きな課題があることに気づかないわけにはいかなかった。伝統的な共同体社会は、自然と生者と死者の社会としてつくられている。メンバーたちには共有されている文化、土着的な信仰、ものの考え方があり、それらが共同体的結びつきを支えている。もちろん関係性の社会にはある種の面倒くささもあるのだが、問題が生じてもその問題を自分たちで解決する方法をもっているのが共同体である。

ところが都市の社会にはそのすべてがない。共有されたものがないのである。だから結びつきも、個人と個人の結びつきになってしまって、結び合う利益よりも結び合う面倒くささの方が大きいと感じる個人は、結び合うこと自体に対して能動的にならない。さらに地域には地域的結び合いといえるようなものが存在しないし、町内会や管理組合的なものがあってもその活動も形骸化している。とすると、都市のコミュニティは形成可能なのだろうか。この問いが今日の社会デザインには大きくのしかかっている。

この問いに答えるために、伝統的な共同体とは何かを考察してみよう。一般的に伝統的な共同体のイメージは、ひとつの地域組織にみんなが加わり、結んでいるというものになっている。だがそれは誤解であるというのが私が上野村で暮らして得てきたものであり、上野村以外の共同体でもそれは同様であった。詳しくは拙著『共同体の基礎理論』(農文協)を参照していただければ幸いであるが、共同体の内部にはさまざまな小さな共同体が積み上がっている。たとえば上野村をみても、集落としての共同体もあるし、江戸時代の自然村レベルの共同体も、上野村全体の共同体もある。さらに仕事別の共同体も、神社の氏子や寺の檀家の共同体も、伝統文化を守っている共同体も、………、すなわち実に多くの小さな共同体があって、誰もが複数の共同体に属しているのである。このような共同体のあり方を私は多層的共同体と呼んでいるが、この多層的な共同体が人々を支えている。

ところが共同体をひとつの地域組織だと誤解してしまったために、都市部でも地域に全員参加型のコミュニティをつくろうとする動きが生まれた。だがコミュニティとはそういうものではない。もちろん地域に全員参加型のコミュニティができてもよいが、そうでなければならないわけではないのである。たとえば江戸時代の江戸の町は共同体型社会であったが、ここには長家の共同体も、仕事別の共同体も、出身地別の共同体も、氏子や檀家の共同体もあった。さらに山岳信仰＝修験道《しゅげんどう》の講が無数にあり、この講をとおして人々は自然との結びつきをつくりだしていた。

さまざまな小さなコミュニティが生まれ、それらが積み上がっているがゆえに柔軟なコミュニティ社会が生まれる。それがコミュニティ社会なのであり、その小さなコミュニティのなかには強固なものも壊れやすいものも、大きなものも小さなものもあって構わない。ゆえにすべてのコミュニティのかたちは肯定されてよいのである。

人間の存在はその人をつくりだしているさまざまな関係のなかにある。とすればこのさまざまな関係とともにコミュニティもあってよく、そのことが「個」が自己完結するような時代を突き崩していくだろう。

伝統的な日本の社会には、家屋のあり方をもふくめて、関係とともに存在する人間のあり方が自然に形成されていた。そして私たちは現在、このあり方を再創造する端緒にたちはじめた。

内山 節（立教大学大学院教授、NPO森づくりフォーラム代表理事、哲学者）
1950年 東京都生まれ。哲学者。1970年代より『労働過程論ノート』（田畑書店、1976年）で哲学・評論界に登場。1970年代より群馬県上野村と東京での生活を続ける。2004～2009年立教大学大学院異文化コミュニケーション研究科 特別任用教員。東京大学大学院人文社会系研究所兼任講師。2010年～立教大学大学院21世紀社会デザイン研究科教授。雑誌「かがり火」（リゾート通信社、隔月刊）編集長を務める。現在『内山 節著作集』全15巻が農文協より刊行されている。

あとがき

本書は、「住まいの主体性」と大上段に構え、しかも西田幾多郎の「作られたものから作るものへ」を取り上げるなど、このこと自体、哲学にまったく門外漢の者には「大冒険」とも言うべき取り組みでした。

２０１２年の5月に一般財団法人住総研の調査研究活動の一環として「主体性のある住まいづくり実態調査委員会」を立ち上げ、以降、本書の著者の面々と住総研のメンバーとともに調査研究活動を進めてきました。

初回から委員長（木下）が遅刻して、不在の間に議論はたいへん盛り上がっていたと聞きます。ふだんこのようなことを考えたこともなかったからか、西田幾多郎を久しぶりに取り上げるからかよくわかりませんが、難しいと言いながらもうれしい悲鳴のようにも聞こえてきました。やはり冒険心をくすぐるからでしょうか。

そういうわけで委員会での議論は熱を帯びて、ああだこうだといろいろな事象が話題にあがり、私自身、この議論において多くを学ぶ機会をいただきました。その議論の過程がたいへんおもしろかったのですが、このように本にすると、やはりサロン的な会話体と書物の文語体では、その臨場感というものを伝えるには限界があるようです。もとより、この手の議論は答えがあるというものではなく、むしろ疑問を提起し、おおいに論じるきっかけにこの本がなればと願い、出版への運びとなった次第です。

とりわけ、この委員会活動をよろこんでおられたのは住総研の岡本宏前専務理事のように見受けられました。じつはご自身の住まわれる地域で自治会長となって、初めての自治会活動に悪戦苦闘する（その内容は、住総研住まい読本『新米自治会長奮闘記』としてまとめられた）、まさに自分の住む「場所」での主体的な営為に取り組んでいる最中でしたので、実践のなかで何か通じるものがあったのかとも思います。

哲学研究者の福井一光先生をご紹介いただき、勉強会の場を開いていただいたのも岡本氏の尽力によるものです。

岡本氏をはじめ、委員会メンバーから委員長（木下）が吊るしあげられるように問われたのが、「主体性というが日本にはそもそも主体性はあったのか」「主体性などなかったのではないのか」という問いかけでした。「絶対無」などと難解な西田幾多郎を読めば読むほど、なんとなくその問いかけが重くのしかかってきて、なぜか迷宮に入ってしまったような不安にもかられました。

たしかに日本語は主語抜きでも通じますし、このような文章を書く場合も受け身的な表現がどうしても多くなります。言語は意識、ものの考え方を規定するので、日本語的精神構造がわれわれの思考形式にあり、主体をおぼろげにすることに無意識にでも慣れてきましたし、あまり「我が」などと主語を強調するのをあえて嫌うような空気も感じます。「色即是空、空即是色」という境地の認識にまで悟り得ませんが、なんとなく述語的な行為のなかに意味を見い出すことは、われわれの精神構造に強くまだ残っているようです。

西田は、場所の論理にて主語が述語に包摂される関係、自己を限定し、その意識の野を「場所」

と示しました。それは民俗学や農村社会学が説明する、日本の集落において個よりも共同体の意識や判断が働く精神構造とも重なります。私は、農山漁村の「むらづくり」「まちづくり」の現場で、言葉だけでは人は動かないことを幾多となく経験し、自らも行動するなかで「見えてくる世界」「つくり得る世界」があることを学んできました。そういうこととも通じるのかもしれません。

内山節氏はそのように農村集落において、または歴史的に古くは個よりも「自然」が強かった点を指摘し、「おのずから」も「みずから」も同じ「自から」を使っている点について、もとは両者の意味は違わないで使われていたと述べています。そして個の表出は西洋では他者との違いを際立たせるという関係のなかで個を確立するというのに対して、わが国では自分を深めるとか自分を極めるということに個の確立を求めてきたと言います。たしかに職人の伝統的技術の極みにはそういう面が認められます。

そういう意味で言いますと、わが国でも立派に主体性はあるようにも思います。ただし技術の進歩と同時に、職人魂も技も変化し、また便利さの進展もそんな自分を極めるという範囲が狭まっているのか、それとも社会や技術の進展とともに、その極める対象が新たなものとなっているのか、まだまだ議論がつきません。

また、もう一点、大きな議論は「家族」の変容でした。議論は自らの家族を照らし出し、笑いと同時に身につまされながら、今後の家族の行方、また自分の一生と死後の墓のことなど、これもふと頭をよぎる事象でありながらも、あまり真剣に考えていないことを突きつけられた次第です。こんな大事なことを、あまり考えないことが主体性がないというべきなのか、いろいろ気づかされた点は大きいものです。

以上のように、この課題に答えはなく、住まいの主体性をめぐる「冒険」というか「旅」に出るきっかけに本書がなれば幸いに存じます。

本書に特別に寄稿いただいた福井一光氏、内山節氏、そしてシンポジウムの内容の掲載に協力いただいた池田秀紀氏、小林崇氏、馬場未織氏、青木純氏、山本理奈氏、岩佐明彦氏には、本書の内容に深みをもたらすことにご貢献いただき、あらためて感謝を申し上げます。また、この本には一般財団法人住総研の道江紳一専務理事にも、後半からの参加ながらも本書の仕上げに貴重なアイデアや情報をいただきました。同事務局の上林一英さん、伊藤敏明さんをはじめ、岡崎愛子さんや成田亜弥さんの若い世代の参加が、この研究活動を楽しくも若々しくも展開する大きな力となっていました。そして、出版にあたっては厳しいスケジュールのなか、萌文社の永島憲一郎さんと青木沙織さんの理解と献身的な協力がなかったら完成できなかったと思います。心より感謝申し上げます。

2015(平成27)年3月3日

一般財団法人住総研「主体性のある住まいづくり実態調査委員会」委員長

木下　勇

著者プロフィール

木下 勇（きのした いさみ）

千葉大学大学院園芸学研究科教授。

１９５４年静岡県生まれ。１９８４年東京工業大学大学院博士課程修了、工学博士。農村生活総合センター研究員、千葉大学園芸学部助手、助教授を経て、２００５年より現職。

１９９５年日本建築学会奨励賞（論文）、１９９７年日本都市計画学会石川奨励賞、２００９年日本都市計画学会石川賞。

主な著書は『実践！コミュニティデザイン』（共著・彰国社）、『アイデンティティと持続可能性』（編著・萌文社）、『こどもがまちをつくる』（共著・萌文社）、『若者と地域をつくる』（共著・原書房）、『ワークショップ』（学芸出版社）など。

内田 青蔵（うちだ せいぞう）

神奈川大学工学部建築学科教授。

１９５３年秋田県生まれ。専門は日本近代住宅史。１９８３年東京工業大学大学院理工学研究科博士課程満期退学、工学博士。東京工業大学工学部附属工業高等学校教諭、文化女子大学教授、埼玉大学教授を経て、２００９年より現職。

１９９４年日本建築学会奨励賞、２００４年日本生活学会今和次郎賞、２０１２年日本生活文化史学会賞を受賞。

主な著書は『同潤会に学べ』（王国社）、『お屋敷拝見』（河出書房新社）、『日本の近代住宅』（鹿島出版会）、『あめりか屋商品住宅』（住まいの図書館出版局）、『近代日本生活文化基本文献集』（監修・日本図書センター）、『住宅建築文献集成』（監修・柏書房）など。

松村 秀一（まつむら しゅういち）

東京大学大学院工学系研究科建築学専攻教授。

１９８５年東京大学大学院工学系研究科建築学専攻修了、工学博士。東京大学工学部建築学科専任講師、助教授を経て、２００６年より現職。ローマ大学、トレント大学、南京大学、大連理工大学、モントリオール大学、ラフバラ大学で客員教授。

２００５年日本建築学会賞（論文）、２００８年都市住宅学会賞（著作）。

主な著書は『２０２５年の建築　七つの予言』（日経ＢＰ社）、『場の産業　実践論』（彰国社）、『３Ｄ図解による建築構法』（市ケ谷出版社）、『建築　新しい仕事のかたち』（彰国社）、『箱の産業』（彰国社）、『建築生産』（市ケ谷出版社）、『団地再生』（彰国社）、『団地再生の進め方』（市ケ谷出版社）、『「住宅」という考え方』（東京大学出版会）、『「住宅ができる世界」のしくみ』（彰国社）など。

宮前 眞理子（みやまえ まりこ）

一級建築士。東京造形大学非常勤講師。

１９５１年生まれ。日本女子大学住居学科卒。アトリエスパス一級建築士事務所 主宰、ＮＰＯ法人コレクティブハウジング社 共同代表理事。

高齢化、孤立化する家族や個人に対応する新しい居住形態であるコレクティブハウスづくりを実践し、さまざまな家族やコミュニティの問題に取り組み、地域や人を支援し、安心できる暮らしの場づくりやコミュニティの支援者や事業コーディネーターの教育に携わっている。

主な著書は『コレクティブハウジングで暮らそう』（共著・丸善）。

村田 真（むらた まこと）

日経ＢＰ社建設局編集委員。

１９５７年東京都生まれ。１９８３年早稲田大学大学院理工学研究科都市計画専攻修士課程修了。同年日経マグロウヒル社（現日経ＢＰ社）入社。「日経アーキテクチュア（ＮＡ）」「日経リアルエステート・東京（ＮＲＥ）」「日経ホームビルダー（ＨＢ）」などの編集に携わり、２００６年より現職。まちづくり、住宅問題、マンション管理、不動産流通、建築関連法令・法務、職能、木造の各分野を主に取材・執筆・編集を行う。

２００８年より住総研清水康雄賞選考委員。

一般財団法人 住総研

当財団は、故清水康雄（当時清水建設社長）の発起により、一九四八（昭和は二三）年に東京都の認可を受け、「財団法人新住宅普及会」として設立されました。設立当時の、著しい住宅不足が重大な社会問題となっていたことを憂慮し、当時の寄附行為の目的には、「住宅建設の総合的研究及びその成果の実践により窮迫せる現下の住宅問題の解決に資する」と定めております。その後、住宅数が所帯数数を上回り始めた一九七二（昭和四七）年には研究活動に軸足を置き、その活動が本格化した一九八八（昭和六三）年に「財団法人住宅総合研究財団」と名称を変更。さらに、二〇一一（平成二三）年七月一日には、公益法人改革のもとで、「一般財団法人住総研」として新たに内閣府より移行が認可され、現在に至っております。一貫して「住まいに関わる研究並びに実践を通して得た成果を広く社会に公開普及することで住生活の向上に資する」ことを目的に活動をしております。

http://www.jusoken.or.jp/

主体性のある住まいづくり実態調査委員会　２０１３年～２０１５年

委員長　木下　勇　千葉大学大学院教授

委　員　内田青蔵　神奈川大学教授

松村秀一　東京大学大学院教授

宮前眞理子　ＮＰＯ法人コレクティブハウジング社共同代表理事

村田　真　日経ＢＰ社 建設局 編集委員

岡本　宏　一般財団法人住総研～２０１４年

道江紳一　一般財団法人住総研

事務局　上林一英　一般財団法人住総研

伊藤敏明　一般財団法人住総研～２０１４年

岡崎愛子　一般財団法人住総研

住総研住まい読本

住まいの冒険——生きる場所をつくるということ

二〇一五年四月一五日　初版発行

編著　住総研 主体性のある住まいづくり実態調査委員会

表紙デザイン　廣瀬 潤
レイアウト　青木沙織

発行所　萌文社
発行者　谷 安正
〒102-0071
東京都千代田区富士見1-2-32
ルーテルセンタービル202
TEL　03-3221-9008
FAX　03-3221-1038
メール　info@hobunsya.com
URL　http://www.hobunsya.com/
郵便振替　00910-9-90471

ISBN 978-4-89491-290-8